ちくま学芸文庫

論証のレトリック

古代ギリシアの言論の技術

浅野楢英

筑摩書房

目次

論証のレトリック　古代ギリシアの言論の技術

はじめに——「言論の技術」とは何か

沈黙を勧める格言

ちょっと図書館へでも行って、名言辞典や格言辞典のたぐいを開いてみるとしましょう。言葉、言論にかかわる項目をひろってみると、ものを言うよりはむしろ言わないほうを勧める発言が目立ちます。「口はわざわいのもと」「言わぬは言うにまさる」「雄弁は銀、沈黙は金」「善者は弁ならず、弁者は善ならず」「もの言えば唇寒し秋の風」といったあんばいです。

あの有名な『英雄伝』で我が国にもよく知られているプルタルコス（プルターク）も沈黙の勧めを書いた一人です。彼は古代帝政ローマ時代の一世紀後半から二世紀にかけて生きたギリシア人で、晩年にはデルポイのアポロン神殿の神官をつとめました。彼は『英雄伝』のほかにそれを上回る厖大な量のエセーを書き残しています。『倫理論集』（モラリア）と総称されるものです。そのうちの一篇「饒舌について」のなかで、沈黙が讃えられています。

「話すことに関してわれわれに教えを授けるのは弁論家とかソフィストとか呼ばれる人間だが、こと沈黙に関しては教師は神々であり、だから秘儀への入門式に際して、われわれは神から授かる沈黙を守るのである」

というのです。それとともに饒舌家（しゃべり屋）にまつわるいくつかの面白い（当人にとっては不幸な）逸話が取り上げられて、饒舌（しゃべり）が戒められています。

饒舌家の悲劇

たとえば、シシリーのある床屋で、僭主《せんしゅ》ディオニュシオスの支配が確固不抜かどうかが客たちのあいだで話題になったときに、その床屋の親方が笑って、「旦那がたディオニュシオスさんのことを言ってなさんのかね。こちとらぁ二、三日おきにあの方の喉仏に剃刀《かみそり》あててるってのによ」と無駄口を叩いたために、そのことを耳にしたディオニュシオスによって彼は磔《はりつけ》の刑にされたという話。
三、四人の供の者だけを従え、密かに敗走中であったマケドニア王セレウコスを、家に迎え入れて気前よくもてなしたまではよいのだが、相手が王であることに気づかないふりをすることができず、別れぎわに、「セレウコス様、道中お達者にわたらせられませ」と言ったばっかりに、首をはねられた農夫の話。

明日には暴君ネロを暗殺しようというその前の晩に、ネロの前に引き立てられていく囚人にむかって、刺客となる男が、「今日という一日だけ、無事に過ぎるよう、神様に祈りたまえ。明日になれば、君は私に感謝するだろう」と囁《ささや》いたところ、その言葉の意味を悟った囚人はより確実におのれを救おうとしてネロに告げ口したので、かの男はただちに捕らえられたという話。

プルタルコスの言うところでは、総じて饒舌家は「好かれたいと思って憎まれ、親切にしたいと欲して迷惑をかけ、賞賛されると信じて嘲笑され、何の利益にもならないのに金を使い、友を害して敵を利し、身を亡ぼす」のだそうです。こんなことになるなら、何も言わないで、黙っているに越したことはありません。

知恵を伴う言論の勧め

しかし他方、「言わぬが損」「言うは言わざるにまさる」ということわざもあります。じっさい、「巧言令色鮮《すく》なし仁」とか「巧言は徳を乱る」とか言った孔子も、人間にとってもっとも重要な四つの才能として徳行、政事、文学(学問)とならべて言語

（弁舌）を挙げているのです（『論語』先進第十一、吉川幸次郎注解）。

考えてみれば当たりまえのことですが、沈黙の勧めはなんでもかでも黙っているのがよいということではありません。古来、沈黙を勧める言葉を後世に遺すほどの人物は、たいてい自分では大いに語ったり、書いたりしているのです。「徳ある者は必ず言あり」です。「言ある者は必ずしも徳あらず」ではありますが。

キケロは前一世紀に共和制末期のローマで活躍した政治家・弁論家で、哲学やレトリックに関する多くの書物の著者としてよく知られています。彼の見解は『弁論家について』という対話篇のなかで、登場人物クラッススによって語られております。「もしどちらかを選択しなければならないとすると、私としては、口の達者な愚かさよりも、雄弁でない知恵のほうを選びたい。しかし、われわれがすべてのなかで唯一最善のものを求めるとするなら、教養のある弁論家（doctus orator）にこそ栄冠が与えられる」（三巻一四二―一四三節）と。

無思慮な発言は無用ですが、知恵を伴う言論はなくてはならないものです。

言論のもつ重要性

「言論」にあたる古代ギリシア語は「ロゴス」（λόγος）です。「人間はロゴスをもつ動物である」といわれるその「ロゴス」です。

ロゴスというのは、おそらく根源的には、人間を含む宇宙万有のいっさいを支配する理《ことわり》のことなのかもしれません。古代ギリシアの哲学者ヘラクレイトス（前五〇〇頃活躍）はそのように考えました。言論も、また思想（思考内容）や思考のはたらきも、「ロゴス」と呼ばれるのは、その理を述べ、その理を把握するからこそだとみなすこともできるでしょう。

「ロゴス」はきわめて多義的なのです。「ロゴス」は言葉、言表、定義、弁論、演説、議論、討論、散文、叙述、物語など、あるいは理論、推理、計算、理性など、あるいはまた理法、道理、論理、理由、比例、割合などと、じつにさまざまに解釈されます。

ところで、思想がなければ言論はありえません。しかしまた言論を介さないで思考することはできません。言論を伴わなければ、思想は理解できるかたちにならないので、他人にとってばかりか自分にとっても明らかになりえないのです。どんなすぐれた思想も、哲学倫理思想であれ、科学技術理論であれ、政治経済対策であれ、何であるにしても、それが言論によって明らかにされないかぎり無に等しく、言論を通して人々に受け入れられないかぎり社会的には何の役にも立たないでしょう。言論は人間にとってきわめて重要なのです。

「言論の技術」の必要性

それにしても、何かある事柄に関する知恵や知識や技術を備えておりさえすれば、ただちにその事柄についての言論の能力も備わり、容易によく話したり書いたりできるのかというと、かならずしもそうではありません。それぞれの道の専門家が皆、自分の専門の事柄についてよく論じることができるとはかぎらないのをみても、そのことは明らかでしょう。それも、読んだり聞いたりしてくれる相手が同じ分野の専門家ならともかく、相手が門外漢であれば、いっそう困難となります。

ある事柄について、全体として明瞭で、論証力、説得力のあるよい言論が展開できるようになるためには、当の事柄に関する知恵や知識や技術を備えるだけでなく、ものの言い方や書き方についての心得や訓練が要るのです。言い換えると、「言論の技術」といったものを何らかの仕方で学んでおく必要があるということです。

言論の能力が必要となるのは、それぞれの専門家がその専門とする事柄について論じるときばかりではありません。人が自分の専門でない事柄について考え論じるというときもあります。

専門外の事柄を論じるとき

たとえば、哲学者が自然科学や社会科学の問題について論じることはよくあります。逆に、それぞれ何らかの専門の学者が哲学の問題について論じることもよくあります。物理学者が政治社会問題について発言する場合もあれば、法律学者や経済学者が自然科学や科学技術の問題について意見を述べる場合もあります。またたとえば、同じ一人の評論家が、ときには政治社会問題について書き、またときには科学技術問題について書くという場合もあるでしょう。小説家が、刑事訴訟問題について書いたり、あるいは公害問題を告発する書物を書いたりする場合もあるでしょう。

そしてこのようなことはなにも学者や文筆家にかぎられるわけではありません。政治家でも実業家でも、多種多様な仕事をする大勢の人々のなかで指導的な地位に就くようになればなるほど、自分が専門的知識を持たない事柄について判断を下し、人々を説得しなければならない場合が多くなることでしょう。

あるいはもっと日常的にテレビや新聞などでよく見られるところでは、ジャーナリストや評論家や企業の経営者やさらには芸能人までもが登場して、さまざまな政治問題、社会問題、教育問題、科学技術問題を話題にしていることがあります。われわれ一人一人が、自分の専門ではない事柄について、それぞれの職場や家庭で話し合うことだってあるでしょう。

このように、人が自分の専門でない事柄について考え論じるという場合は種々さまざまですが、現代のようにありとあらゆることが専門化されていく状況のなかでは、そういう機会は私たちにとって今後ますます増えていくことでしょう。そしてそういう場合に、よい言論を展開できるようになるためにも、やはり何か言論の技術といったものを心得ておく必要があるわけです。そういった心得は、また逆に、言論によって相手に乗ぜられないためにも有用なのです。そのような言論の技術として、ここでは古代ギリシア人の発明したものを取り上げます。

レトリック（レートリケー）と修辞法

言論の技術といえば、まず思い浮かべられるのはレトリックや修辞法のことでしょう。『万葉集』や『古今集』にさかのぼる日本文学の伝統のなかにも、さまざまな表現の技術がみられます。直喩や隠喩はもとより、枕詞《まくらことば》、序詞、擬人法、見立て、縁語、掛詞《かけことば》、その他数えだしたら切りがないほどたくさんの技術が用いられているのです。

けれども、これらはいずれもことばのあや（文彩）に関する技術であって、一口にいえば修辞法なのです。

ところが修辞法は古代ギリシアの言論の技術からみるとそのごく一部にすぎません。ここで古代ギリシアの言論の技術と呼んでいるのは、レトリック（レートリケー、弁論修辞術）のことです。そのレトリックの代表的な研究書であるアリストテレス（前三八四―前三二二）の『弁論（修辞）術』をみると、レトリックは説得立証法（説得するための証拠立ての方法）と修辞法と、言論（弁論）の部分の配列法の三つの課題の研究からなっています。修辞法はレトリックの一部でしかないわけです。

しかも言論の技術としてアリストテレスのレトリック理論を見ていると、関連する他の技術も視野のうちに入ってきます。それらはディアレクティケー（問答弁証術）と論理学です。私たちが言論の技術として古代ギリシアのそれを取り上げ、それから学ぼうとするのは、その展望の大きさと内容の豊かさゆえです。

言論の技術、とくにレトリックの危険性

ところで自分の専門でない事柄について論じるというのは、言い換えると、自分のよく知らない事柄について論じるということではないでしょうか。そうだとすると、そんなことがいったいどうしてできるのか、できたとしてもでたらめの嘘八百ということになりはしないか、そんな言論にどんな価値があるのか、というような疑問が、

すぐに生じてくるでしょう。

プラトン（前四二七―前三四七）の対話篇『ゴルギアス』のなかに、前五世紀後半に活躍した高名な弁論家ゴルギアスが登場させられて、こんなことを言わされています。

いままで何度も私は、医者が患者に対して薬をのむように、あるいは手術を受けるように説得できないでいるときに、医者に代わってその患者を説得してやったことがある。説得したのはほかでもなく、レトリックによってである。そればかりではない。いま仮に、弁論の心得ある者と医者とが、どこかの国（ポリス）へ行って、民会その他の何らかの集会で、どちらが公務のために働く医者として選ばれるべきかを、言論によって競争しなければならないとする。その場合、選ばれるのは、医者のほうではなく、弁の立つ者のほうであろう。弁論の技術の力たるやかくばかりのものなのだ。

総じて「弁論家は、どんな人たちを向こうに廻してでも、またどんな事柄についてでも、論じる能力をもった者である。だから彼は、要するに、何を話題に選ぶのであろうと、大衆の前でなら、ほかの誰よりも説得力があるわけだ」（四五七ＡＢ）――というわけです。

ここで「大衆の前で」と言われているのは「ものを知らない人たちの前で」という

ことです（四五九Ａ）。弁論家といえども、ものを知っている人たちの前でなら、問題の事柄について知識のある専門家よりも説得力があるということはありません。しかしものを知らない人たちの前でなら、弁論家は、自分が知識をもっていないどんな事柄についても、その事柄の専門家よりも、説得力があるということなのです。レトリックのおかげで、「知識のない者のほうが、知識のある者よりも、ものを知らない人たちの前でなら、もっと説得力がある」（四五九Ｂ）ということです。ここに人は誰でも、レトリックにまつわる大きな危険性をみてとることができるでしょう。

災厄をもたらすレトリック

ゴルギアスが、医者に代わって、ものを知らない患者たちに対して医者の指図に従うよう説得するというようなのは、大いに結構だといえるでしょう。専門家の指図に、つまりは最善の指図に、服するよう説得することになるからです。しかし誰かが、レトリックを駆使して、自分はその事柄の専門家ではないのに、おのれの金銭欲、名誉欲、権力欲などのために、ものを知らない人たちを説得して、専門家にとって代わり、自分の意のままにふるまったりすれば、社会に害悪をもたらすでしょう。

さらにレトリックは、知識のない者がものを知らない人たちを説得するときに用いられるだけでなく、知識のある専門家が人々に、不都合な真実をおおい隠し、好都合な虚偽を信じこませるように説得するときにも用いられるでしょう。

このように、レトリックは、説得のための技術であるだけに、使い方によっては恐ろしい結果を社会にもたらします。その最たるものは、国家の支配者、独裁者たちが、政治をあやまり、レトリックをおのれの野望のために駆使するときでしょう。ものを知らない（あるいはむしろ、ものを知ることができないように管理された）多くの民衆は、歓呼の声をあげているのも束の間、やがては災厄と不幸のどん底におとしいれられるわけで、われわれが歴史のうえで幾度もみてきたとおりです。

専門外の事柄を論じるときの限界

人は自分の専門外の事柄について専門家が論じるのと同じように論じることはできません。専門家は専門的知識をもとにしてものを言うことができますが、専門的知識をもたない人はそれができないのです。

専門的知識の典型は種々の学問的知識です。学問的知識というものは、断片的な仕方であるのではなく、何らかの理論体系を伴うものなのです。

私たちは見たり聞いたりしたこと、記憶していること、さらには経験のあることをしばしば「知っている」と言います。しかしそれだけでは「学問的に知っている」ことにはなりません。何かある事柄について学問的に知っている（学問的知識をもっている）と言えるためには、その事柄の原因・根拠を認識しなければなりません。そしてそれに基づいて当の事柄が成り立っているということを、合理的に説明し、厳密には論理的に証明することができなければならないのです。

原因・根拠の究極のものは原理（出発点）と呼ばれます。知識は原理の認識に基づく論証によってはじめて得られるものなのだということです。学問的知識に関するこのような考えかたは、さきにもその名をあげたアリストテレスや、彼の先生であるプラトン以来、西洋の哲学や科学における伝統的な考えかたなのです。

学問的知識についてのこのような考えかたにしたがいますと、「三角形の三つの内角の和は二直角に等しい」と思っていても、そう思っているだけでは幾何学的に知っている（幾何学的知識をもっている）ことにはなりません。その命題をユークリッド幾何学の理論体系の原理であるいくつかの定義や公準や公理に基づいて証明することができなければ、知っていることにはならないのです。「地球は自転するとともに、太陽のまわりを公転している」と信じていても、その命題を天文学や力学の理論体系のなかでニュートンの運動の三法則および万有引力の法則というような原理から出発して論証することができなければ、物理学的に知っていることにはならないのです。

そうすると、それができたらもうユークリッド幾何学やニュートン力学を知ったことになるのでしょうか。もちろんそうではありません。そのためには、ユークリッドの『幾何学原本』やニュートンの『自然哲学の数学的原理』、あるいはそれらと同等の内容の教科書を始めから終わりまで学ばなければなりません。そして原理から出発して論証の筋道を一歩一歩たどりながら、証明されていることのすべてを理解し、体系全体を学習しなければなりません。

専門家としての仕事とは

それではこれでもうユークリッド幾何学やニュートン力学の専門家になったのでしょうか。けっしてそうではありません。過去にできあがった知識をもっているだけでは専門家にはなれません。専門家というのは、自分の専門分野の事柄について、つぎつぎと未解決の問題を見つけ出し、その問題を解決するために、もっている知識を働かせつづける人のことです。専門家のそういう営みが、新たな事実の発見や知識の追加や理論の発展につながるのです。そしてついには、現在の理論を根本的に否定したり、改変したり、修正したりする新しい理論の誕生にもつながっていくのです。

かつての地球中心の天文学にとって代わった太陽中心の天文学やそれを支えるニュートン力学、ユークリッド幾何学に対する非ユークリッド幾何学、ニュートン力学を超えるアインシュタインの相対性理論やハイゼンベルクとシュレディンガーによる量子力学などは、すべてそういう営みのなかから生まれたのです。

専門的知識には、数学や物理学のように理論的なものも、工学や臨床医学のように技術的なものも、倫理学や政治学のように行為的（実践的）なものもあります。いずれも理論を伴うとはいっても、その厳密さ、精確さの度合いはそれぞれ異なります。けれども、何であれ専門的知識というものは、専門家がいわば生涯をかけて獲得し、生涯を通じて働かせていくものなのです。

人は自分の専門外の事柄について専門家と同等の知識を身につけることはできないでしょう。そうしたければ、自分も当の事柄の専門家になるほかありません。しかし一人一人の人間には、現代的なレベルでいくつもの分野の専門家になることができるほどの能力はありません。そういうわけで、人は自分の専門外の事柄について専門家と同等の知識を身につけ、それに基づいて論じるというようなことはできないのです。

専門外の事柄に関する言論の基盤

　現代では学術研究の場においてだけでなく、企業活動の場においてもまた専門化がすすんでいます。それぞれの場で陣頭にたって仕事を押し進めているのは専門家たちです。現代はまさに専門家たちの時代であるというべきかもしれません。それだけにまた現代は「専門バカ」たちの時代となる危険性もおおいに孕《はら》んでいるのです。

　ただの専門家というのは、いわば塀に囲まれた住居の中だけで、外からの情報を得ることもなく、生活している人みたいなものです。塀の中のことは四六時中よく見て廻っているのですが、塀の外は何も見えないし、かといって、外へ出かけていく余裕もないのです。専門家は自分の専門とする事柄についてはよく知っていても、ただそれだけだったらほとんどすべての事柄については無知だということになります。

　ところが、自分の専門外の事柄についてある程度理解することができ、思慮分別（知恵）を伴った言論を展開できる人たちがいるのです。その言論は当の専門家をもうなずかせたり、一考を促したりすることがあるのです。そういった言論の基盤となるのは何なのでしょうか。それはもはや専門的な知識や技術ではなく、常識や一般的教養なのです。

常識のもつ大きな力

アリストテレスは、『トピカ』(一〇一a三〇以下)で、大衆(多くの人々)を相手に話し合うには、「エンドクサ」(通念)に基づいて言論を展開することが有効だとしています。大衆を相手にした場合、大衆の「ドクサ」(見解・思いなし)を枚挙して、ほかの人たちの意見にではなく、彼ら自身の意見に基づいて論ぜよ、ということです。

アリストテレスは、『弁論術』でも、同じようなことを言っています。ある人たち(つまり大衆)に対しては「(専門的)知識に基づく言論」(一三五五a二六)によって教授することはできないので、そういう人たちを説得するためにはむしろ「人々に共通な見解を通じて説得立証《ピスティス》(説得するための証拠立て)と言論(弁論)をおこなわなければならない」(同上a二七)というのです。

大衆というのは、ここでは専門的知識をもたない人たちのことを意味しています。私たち一人一人が皆、自分の専門外の事柄に関してはそういう大衆の一人だといえるでしょう。専門家がきわめて精確な専門的知識に基づいて厳密な論証をおこなっても、専門家以外の大衆には難しくてついていけないわけです。

「エンドクサ」「人々に共通な見解」というのは、常識にほかなりません。人が自分の専門外の事柄について考え、論じるときに拠りどころとなるのは常識です。そればかりではありません。専門家が自分の専門の事柄について語る場合でも、専門的知識をもたない大衆を相手にするならば、常識を通じてでなければわかってはもらえないでしょう。常識というのは、時代によっても社会によっても異なります。たとえば昔は「地球は不動である」というのが常識であったのが、いまは「地球は動く」というのが常識です。しかしまた、たとえば基本的人権の擁護というのはいまや世界の常識であっても、その人権の内容が異なるとすれば、基本的人権に関するある国での常識が他の国では通用しないこともあるわけです。

常識は専門的知識ほど精確ではありません。また常識がすべて専門的知識に由来するわけでもありません。単に皆がそう思っているというだけの常識もあります。しかし専門的な事柄に関する常識というのは、専門家の得た知識が専門家でない大衆にもわかりやすく通俗化されることによって形成されるのです。そのような常識は知識に次ぐ確かさをもつということができるでしょう。常識は非専門家（大衆）からの、または非専門家向けの、あるいは非専門家どうしの、言論の基盤なのです。

人間としての教養

常識は言論の大きな基盤です。けれども上手な言論というだけでなく、知恵（思慮分別）を伴う言論ということになると、教養が基盤となるでしょう。教養または教育というのは、ギリシア語でパイデイアー（παιδεία）といわれます。ちなみに古代ローマの著述家ウァロ（前一一六―前二七）やキケロがこの語に対するラテン語訳として当てたのが、フーマーニタース（humanitas 人間的・人文的なもの）だったのです。

教養は専門的技術（知識）と区別されています。プラトンはその違いをいくつかの対話篇のなかで指摘しています。たとえば『プロタゴラス』（三一二B）では、人が読み書きの先生や竪琴《たてごと》の先生や体育の先生から学ぶものは、一個の素人としての自由人にふさわしいものとして、教養のために学ぶのだ、ということが言われています。医術や彫刻術のように、専門家（本職の師匠）になるための技術として学ぶのではないということなのです。

教養というのは、その道の専門家になるための技術（知識）として学ばれるのではなく、一個の素人としての自由人にふさわしいものとして学ばれるのだということが注目されます。

またプラトンの最晩年の対話篇とみられる『法律』（六四三B―六四四B）では、教養とはなにかということが語られています。たとえば小売商や船の舵取りなどの専門的技術について相当の教育を受けた人でも、それだけなら無教養だといわれるのです。

教養のある人というのは、「徳をめざしての教育」を受けた人のことであって、その「徳」というのは「正しく支配し、支配されるすべを心得た、完全な市民（国家社会の一員）になろうと、求め憧れる者をつくりあげるもの」（六四三E）のことだというのです。

知恵を伴う言論の基盤は徳と教養

徳というのは、ギリシア語ではアレテー（ἀρετή）にあたり、善さ、優秀さということです。プラトンの『国家』（三五二D―三五三D）では、それぞれのものにはそのもの本来のはたらき（仕事）があるといわれています。目には見るというはたらきがあり、耳には聞くというはたらきがあるわけです。そしてそれぞれのものが自分本来のはたらきをよく立派に果たすことができるのは、自分に固有のアレテーによってであるといわれるのです。

目が見ることができるのは視力（視覚）によってであり、耳が聞くことができるのは聴力（聴覚）によってであるとすると、目の固有のアレテーは視力（視覚）であり、耳のアレテーは聴力（聴覚）であるということになるでしょう。それぞれのものが自分本来のはたらきをよく立派に果たすことができるための固有の状態、それがそのもの固有のアレテー（善さ、優秀性、徳）だというようなことになるわけです。

その本来のはたらき、固有のアレテーというのは、馬とか犬とかの動物についても、建築家とか医者とかの専門家についても考えることができます。しかしいま取り上げているのは、専門家としての人間の徳ではなしに、人間の徳、つまり人間社会の一員としての人間の徳なのです。プラトンの『国家』では、そういう徳の基本となる四つの徳として、「知恵《ソピアー》（思慮《プロネーシス》）」「勇気《アンドレイアー》」「節制《ソープロシュネー》」「正義《ディカイオシュネー》」が論じられています。そのほかにも、アリストテレスが『ニコマコス倫理学』や『弁論術』で挙げているような、「高邁《メガロプシューキアー》（度量が大きい）」「気前がよい《エレウテリオテース》」「率直《アレーテウティコス》」といった徳もあります。

アリストテレスが『政治学』（一巻二章）のなかで言っているとおり、「人間は本性のうえでポリス（国家社会）的動物である」とすれば、人間としての徳はまた社会の一員としての徳でもあるということになるわけです。教養というのは、社会の一員である人間としての徳、善さということにいつも配慮し、それを求める技術なのです。そういう教養が知恵（思慮分別）を伴う言論の基盤となるのです。

第一章　レトリック（レートリケー）事始め

ホメロスの叙事詩——雄弁の伝統の形成

古代ギリシアで、レートリケー（レトリック）そのものを研究したり、それについて教科書を書いたりする仕事が始まるのは、前五世紀になってからです。しかし人々が雄弁の技をおのずから身につけるという伝統は、それよりもはるか以前から存在していたといえるでしょう。そういった伝統を形成するのにいちばん大きな役割を果たしたのは、ホメロスの叙事詩であります。

ホメロスの叙事詩のなかには、弁舌さわやかなネストル、知略すぐれたオデュッセウスなど多くの雄弁な英雄たちが登場します。なかでもオデュッセウスはその代表者であるといってよいでしょう。『イリアス』第三歌で語られているように、「やがて、その胸の中からほとばしる声も朗々と響いて、さながら冬の日に降りしきる雪もかくやと思われるほど、言葉が隙もなく流れ出すに及んで、もはや天下広しといえども、オデュッセウスに比肩しうる弁士は他におるまいと思われた」のであります。

たとえば『イリアス』第二歌にはこんなくだりがあります。

ギリシア軍が、トロイアの王子に奪い去られたヘレネ（スパルタ王メネラオスの妃）をとりもどすために、トロイアを攻略して、すでに九年の歳月が経っています。会議にのぞんだギリシア軍の総大将アガメムノンの、もうトロイア征服をあきらめて帰郷してはどうかという言葉をきっかけに、全軍の兵士たちは、たちまちトロイアの包囲を解いて、故国へ向けて船出しようとわきたちます。オデュッセウスはそれを踏み留まらせるために見事な弁舌をふるうのです。

オデュッセウスの見事な弁舌

まずはじめに、オデュッセウスは、並み居る武将や兵士たちの浮き足だった気持ちを理解し宥《なだ》めつつ、彼らの恥を知る心を呼び覚まします。

ついでオデュッセウスは、いましばらく辛抱して踏み留まるよう要請し、そうすべき理由を語るのです。

ギリシア軍がトロイア遠征に出陣する折のことでした。彼らは美しい鈴懸《すずかけ》の木蔭にある、泉のまわりにしつらえた祭壇で、贄《いけにえ》を神々に供えていました。そのとき由々しき前兆が現われたのです。その前兆というのは、背中のまっ赤な大蛇が祭壇の下から現われ出て、鈴懸の樹の梢の枝葉のなかにかくれていた雀の母子を襲ったという出来事です。啼《な》き叫び逃げまどう雛鳥と母鳥の合わせて九羽をつぎつぎと取っ捕まえ、飲み込んでしまったあと、大蛇は石と化したというのです。神々に奉る贄の儀式にこのような恐るべき怪物が侵入したことについて、予言者カルカスは即座にその神意を解いたのです。

「これは明知のゼウスが、われらのためにお示し下された偉大な前兆なのですぞ。すぐに遂げられるというのではない、その成就は遅れるではあろうが、このことは後の世まで語り草となって、決して忘れ去られることはあるまい。いま、かの蛇が雀の雛と母鳥とを――雛は八羽、母鳥を加えて九羽を食ったごとく、われらもそれと同じ九年の歳月をこの地で戦い、十年目にして道広き町を攻め落とすことになるであろう」

というわけで、オデュッセウスは、

「いまやすべて彼の言った通りになろうとしているのだ」

と言って人々を励まします。このように理由を述べたあと、

「されば脛当《すねあて》美々しきアカイアの兵士ら〔ギリシア軍兵士〕よ、プリアモス〔トロイア王〕の道広き町を陥《おと》すまで、この地に踏み留まってくれ」

と結論して、演説を終えます。たちまちギリシア軍の全兵士がオデュッセウスに応えて雄叫《おたけ》びをあげるという運びになるのです。

クセノポン（前四三〇頃—前三五四頃）の『饗宴』（三章五節）によると、ホメロスの『イリアス』や『オデュッセイア』を全部、自分の子供に暗記させようとする親がいたことがわかります。それほどホメロスの叙事詩は人々のあいだに深く滲透していたのです。そのようにして、古代ギリシアの人々は、ホメロスの叙事詩から、歴史や政治や道徳だけでなく、雄弁の技をも学んだのであります。

レートリケー（レトリック）の誕生

キケロ（『プルトゥス』四六節）の伝えるアリストテレスの言によりますと、シケリア（シシリー）島で独裁者たちが追放されたあと、ながらく没収されていた私有財産の返還を求めて、人々は訴訟をおこし、法廷での弁論がさかんになったのです。

シケリアのシュラクサイで民主制がおこなわれるようになったのは前四六七年頃のことです。そこでシュラクサイの人であるコラクスとテイシアスが、主として法廷弁論の技術に関する規則をまとめたハンドブックを書いたのです。これが技術としてのレートリケーの始まりです。

別の古伝によると、コラクスは弁論の部分を技術的に「序言」と「討論」と「結語」の三つに区分したといわれます。

またプラトンの『パイドロス』では、テイシアスは「真実らしくみえること《エイコス》が真実そのものよりも尊重されるべきであることを見ぬいた人」（二六七Ａ）だといわれています。なぜ尊重されるべきなのかというと、「真実らしくみえること」は「多数の人にそうだと思われること」にほかならない（二七三Ｂ）からです。テイシアスはそういう「（言論の）技術の秘訣ともなるような賢明な発見をした」（同上）わけです。たとえば、彼はつぎのようなことを書いたそうです。

「いま、力は弱いけれども勇気のあるひとりの男が、力は強いが臆病な男をなぐりつけて、上衣あるいは何かほかのものを奪い、法廷に連れ出されたとする。その場合、どちらの男も、ほんとうにあったことを語ってはならない。臆病な男は、自分をなぐったのは、その勇敢な男ひとりではなかったと主張すべきであり、他方の男は、これを反駁して、その場には二人のほか誰もいなかったと主張し、そしてかの文句、「どうしてまた、ごらんのような〔力の弱い〕この私が、このような〔力の強い〕男に手出しをすることができましょうか」というのを応用すべきである」（同上）と。もっとも、アリストテレスの『弁論術』（二巻二四章）では、同様の教えがコラクスによるものとされています。

またレートリケーとは「説得をつくり出すもの」であるという定義（プラトン『ゴ

ルギアス』四五三Aに見出される）も、古人によると、コラクスやテイシアスのものとされています。

初期の弁論家たち

アリストテレスは、『ソフィスト的論駁（詭弁論駁論）』三四章のなかで、初期の専門的弁論家たちの系譜に触れています。それによると、レートリケーの発展に多くの寄与をしたのは、最初の発明者たちにつづいて、テイシアス、つぎにトラシュマコス（黒海入口ボスポロス海峡右岸カルケドン出身）、つぎにテオドロス（ボスポロス海峡左岸ビュザンティオン出身）、つぎに多くの人々であったといわれています。紀元前五世紀から前四世紀にかけてのことです。

プラトンは、当時「言論の技術」と称されて流行したレートリケーに批判的だったので、からかい半分の語り口ではありますが、さまざまな弁論家たちの教えを『パイドロス』（二六六D—二六七D）のなかで生き生きと描き出しております。それによると——

「言論つくりの巨匠」と呼ばれるテオドロスには、弁論の部分の配列法が帰せられています。まず最初に「序言《プロオイミオン》」、第二番目には「陳述《ディエーゲーシス》」とかいうものと、それに加えて「証拠《マルテュリアー》（証言）」、第三番目に「証明《テクメーリオン》（証拠）」、第四番目には「蓋然性《エイコス》（真実らしいこと）」、それからたしか「保証《ピストーシス》」と「続・保証」というものを彼は挙げていた、といわれています。さらにまたそれから「反駁《エレンコス》（論駁）」と「続・反駁」を、告発のときも弁明のときもおこなわねばならぬと彼は言っている、ともいわれています。当然ながら、弁論の最後にあたっては、「概括《エパノドス》（要約）」というのが置かれたことでしょう。語られた事柄について、聴衆にそのひとつひとつを要約して思い出させるためです。

エウエノス（パロス島出身の弁論家、ソフィストの一人）は「ほのめかし法」と「婉曲賞賛法」を発見した最初の人といわれています。彼は「あてこすり法」についてもまた、記憶の便をはかってその覚え歌を作ったのだそうです。

テイシアスとゴルギアス（シケリア島東部レオンティノイ出身）については、「真実らしいものが真実そのものよりも尊重されるべきであることを見ぬいた人たちだが、一方ではまた、言葉の力によって、小さい事柄が大きく、大きな事柄が小さくみえるようにするし、さらには目新しい事柄をむかしふうに、古くさい事柄を目新しく語るし、またあらゆる主題について、言葉を簡単に切ったり、いくらでも長くしたりすることを発明したのだ」といわれています。

プロディコス（ケオス島イウリス出身のソフィスト）は、弁論が「長くても短くてもいけない、ちょうどよくなければならない」ということを発見したといわれています。ヒッピアス（ペロポネソス半島北西部エリス出身の博学で有名なソフィスト）も、プロディコスと同じ意見だろうということです。

ポロス（ゴルギアスの弟子、シケリア島アクラガス出身）については、「重言法」とか「格言的話法」とか「比喩的話法」とかからなる「言葉の殿堂」が挙げられ、リキュムニオス（小アジア沿海キオス島出身の弁論家、詩人）については、美文の創作のための「単語の殿堂」というのが挙げられています。

プロタゴラス（エーゲ海北岸アブデラ出身のソフィスト）には、「正語法」とか、ほかにも立派なものがたくさんあるといわれています。

トラシュマコス（カルケドン出身、テイシアスにつぐ重要な弁論家）については、「老年や貧困に言及して憐れみの涙をよぶ」とか、「大勢の人の怒りをかきたてること、そして怒らせておいてもう一度、呪文でもかけるようにして魅惑する」とか、さらに、「どこからでも理由を見つけてきて、人を攻撃したり、攻撃された中傷を反駁したりする」とかいった言論の技術の達人だといわれています。

初期のレートリケーのハンドブックの内容

そしてこれら弁論家たちの教えが、初期の「言論の技術」（＝レートリケー）のハンドブックの内容だったのです。それは、弁論の主要部分の配列の仕方やさまざまな修辞法に関するものであったことがわかります。

弁論の部分のおおよその配列の順序は、(1)序言《プロオイミオン》、(2)陳述《ディエーゲーシス》、(3)証拠《テクメーリオン》→真実らしいこと《エイコス》→保証《ピストーシス》→論駁《エレンコス》、(4)概括《エパノドス》といったことになります。

しかしこのような部分からなる弁論はもっぱら法廷弁論だったのです。序言では問題の事柄を概略的に説明するとともに、聴衆である裁判委員（裁判官、陪審員）たちの注意を引き、好意を得るように努める。陳述では訴訟問題（事件）に関する事実を自分に有利なように叙述する。証拠などの部分では、説得力のある真実らしいことをもとにして論証するよう心掛ける。結語にあたる概括では、裁判委員たちが思い出すように論証の要点をまとめ、また有利な判決が下されるように、裁判委員たちの感情に訴える。こういった工夫が奨励されたわけです。

ソフィストたちの登場とレートリケーの流行

古代ギリシア世界の多くのポリス（都市国家）に直接民主制が確立したことを背景

にして、紀元前五世紀の後半から前四世紀のはじめにかけて、ギリシアの各地からソフィスト（ソピステース）と呼ばれる多くの人たちがあらわれます。プロタゴラス、ゴルギアス、プロディコス、ヒッピアス、エウエノスなどで、さきのプラトン『パイドロス』にもその名が挙げられていた人たちです。

ソフィストたちの思想のうえでの一般的傾向として、道徳的相対主義や、確実な知識の可能性に対する懐疑や、宗教からの離反や、人間中心主義などが指摘されないわけではありません。しかしソフィストたちは一定の教説を唱える学派のようなものを形成したのではありません。それぞれ個人で活動し、いくつかのポリスを歴訪して、授業料を受け取って若者たちの教育にたずさわった職業的教師でした。そして当時のギリシアの政治、経済、文化の中心地であったアテナイはまさに彼らの活動の大きな舞台であったのです。

ソフィストたちは授業料を受け取って何を教えることを約束したのでしょうか。プラトンの『ソクラテスの弁明』のなかでは、ゴルギアスやプロディコスやヒッピアスが「人間の教育ということに手を出していて、そのために金銭をもらい受けている」（一九D）といわれています。ここで「人間の教育」というのは、「人間として、また国家社会の一員としてもつべき徳（アレテー）」（二〇B）を教えるということです。

プラトンの『プロタゴラス』では同じことがもうすこし詳しく説明されています。「人間の教育」（三一七B）にたずさわっているプロタゴラスが何を教えるのか。それは「身内の事柄については、最もよく自分の一家を斉《ととの》えるの道をはかり、さらに国家公共（ポリス）の事柄については、これをおこなうにも論ずるにも、最も有能有力の者となるべき道をはかることの上手ということ」（三一八E―三一九A）であるというのです。

ソフィストたちのいう「徳」の内容

ところで、ソフィストたちのいう、そのような「徳」の内容は実質的には何であったのでしょうか。それはプラトンの『ゴルギアス』でいわれているように、要するに、「言論（弁論）によって人々を説得する能力」（四五二E）にほかならなかったのです。つまり「法廷では陪審員たちを、政務審議会ではその議員たちを、民会ではそこに出席する人たちを、またその他およそ市民の集会であるかぎりのどの集会においてでも、人々を説得する能力があるということ」（同上）なのです。

民主制ポリスにあっては、人々は家柄や財産によってではなく、市民としての身分だけによって、政治的な権利を平等に与えられました。人々を説得する能力は政治的・社会的な成功をおさめるために有用な能力だったのです。そしてその能力は説得の技術であるレートリケーを学ぶことによってこそ得られるというわけなのです。レートリケーが流行した理由もそこにあります。

このようにして、レートリケーは、多くのソフィストたちによってアテナイその他のギリシア各地で教えられ、法廷弁論にとどまらず、議会弁論にも適用されるようになるのです。さらにまたそれは冠婚葬祭などの儀式に際しておこなわれる演説のたぐい——演示弁論と呼ばれる——にも役立てられたことでしょう。最盛期のアテナイを指導した政治家ペリクレス（前四九五頃—前四二九）による戦死者追悼演説（トゥキュディデス『戦史』二巻三五—四六）はそういう儀式弁論の実例です。

ソフィストたちの創作による弁論

ソフィストたちはそれぞれ自らを弁論の雄としていたので、オリュンピア祭やデルポイのピュティア祭の競技に参加して弁論の優劣を競い合ったのです。たとえば、ゴルギアスもヒッピアスもそういう弁論をおこなったことが知られています。それは法廷や議会などでじっさいにおこなわれた弁論ではなく架空の弁論です。これらの弁論もまた演示弁論と呼ばれます。

現存しているゴルギアスの「ヘレネ論」や「パラメデスの弁明」、あるいはクセノポン（『ソクラテスの思い出』二巻一章二一―三四節）によって伝えられるプロディコスの「ヘラクレス論」はそのたぐいの弁論です。そのほか、プラトンの『プロタゴラス』のなかで展開されるプロタゴラスの弁論も同様のものでしょう。それはプロメテウス伝説に関する解釈を伴う徳育可能論です。

ソフィストたちによる教育法

ソフィストたちはさまざまな場所に人々を集めて、自分の書いた弁論を読み聞かせたのです。たとえば、アテナイでは、リュケイオン（アテナイの東郊外イリソス河畔の公園）、体育場、劇場、有力な後援者の私邸などがその場所です。おそらくソフィストたちはそれらの弁論をレートリケーの教育のための手本として用いたのでしょう。ソフィストたちは、長い演説としての弁論を教えただけでなく、短い言葉のやりとりとしての問答をも教えました。プラトンの『プロタゴラス』（三二九B、三三四E―三三五A）によると、プロタゴラスは長い弁論を展開できるだけでなく、問答方式で言論をたたかわせることもできて、他人にその能力をさずけることができるといわれています。

アリストテレスの『ソフィスト的論駁』（三四章）のなかでも、ソフィストたちの教育は、ゴルギアスのやりかたと同様であって、弁論や問答の手本を受講者にあたえて、それを暗記させることであったといわれています。

自作の弁論を受講者の手本にするというやりかたは、ソフィストによってだけではなく、法廷弁論の代作を職業とするような専門の弁論家によってもまた用いられていました。著名な弁論家アンティポン（前五世紀、アテナイのラムヌゥス区の人）の現存する仮想の法廷弁論はその種の手本とみられます。プラトンの『パイドロス』の冒頭には、リュシアス作のエロース（恋愛）論を暗誦して稽古しようとしているパイドロスの姿が描かれています。そのリュシアス（アテナイの居留民、前五世紀から前四世紀にかけて活躍）も当代一流の法廷弁論家だったのです。

このような教育法はアリストテレス（『ソフィスト的論駁』三四章）によって批判されます。それはあたかも靴を作る技術を教える代わりに種々の靴を与えるようなものです。しかし技術の成果を与えるだけでは、その技術を教えたことにはならないのです。

ゴルギアスの「パラメデスの弁明」

ともあれここではソフィストたちが教えた弁論のひとつの見本として、ゴルギアスの「パラメデスの弁明」をとりあげましょう。これは法廷弁論のひとつの模範であります。序言、本論、原告に対する論駁、陪審員（裁判官）たちに対する訴え、結語からなる立派な弁論です。

パラメデスというのは、トロイア戦争の英雄の一人です。知略にかけてはオデュッセウスと並び立つ人物であります。オデュッセウスはアガメムノンによって召集を受けたとき、トロイアへの遠征を欲せず、狂気をよそおったのでした。その狂気が偽りであることを一計によって暴露したのが、パラメデスなのです。その結果、オデュッセウスは参戦を余儀なくされます。

オデュッセウスはそれを恨みとし、やがて復讐します。奸計《かんけい》によって、パラメデスをトロイア方に内通したという裏切りの罪に陥れたのです。ゴルギアスの書いた手本は、オデュッセウスの告訴に対するパラメデスの弁明というかたちをとっています。かなり長い弁論なので要点だけの紹介です。

まず序言があります。

この裁判で問題とされているのは死ということではない。死ということは、自然本性によって、すべての人がその生まれた日に宣告されているのである。いま危険にさらされているのは名誉ということである。私が恥辱を受けて不当に死ななければならないかどうかという名誉が問題なのである。

オデュッセウスが私の裏切り内通を知ったがゆえに私を告訴したのであれば、それは全ギリシアを守るためであるから、彼は最善の人である。しかし彼が悪意によってこの告訴を捏造《ねつぞう》したのであれば、彼は極悪人である。

根拠のない非難告発のゆえに私は途方にくれ、言葉に窮せざるをえないが、真実そのものを頼みとして、さし迫っての必要によって語るほかない。

じっさい原告は知りもしないで私を告訴している。なぜなら、起こってもいないことを人は知るわけがないからである。しかし告訴人がそうだと思いこんで告訴したのなら、彼の申し立てが真実でないということを、私は二通りの仕方で陪審員諸君に証明しよう。

これらの序言につづいて、パラメデスはいよいよ本論に入ります。まず第一に、人々の常識に訴えて、裏切り内通の実行が不可能であったことを説明します。

(1)言葉のわからない敵方と話し合いをつけることや、(2)裏切りの保証として人質とか金銭とかを人に気付かれずにやりとりすることなどは、きわめて困難または不可能である。また、(3)それが可能だとしても、裏切りを実行するには、一人ではできないから、仲間がいるはずである。いったい誰か名乗りでる者があるとでもいうのだろうか。

第二にまた、裏切りの実行が可能であったとしても、その動機が存在しないことをパラメデスは明らかにします。伝統的道徳に基づく無動機論です。

(1)裏切りの代償として独裁者となるというようなことは、すぐれた諸君に対しても、また夷狄《いてき》に対しても成功しえないから望みはしない。また、(2)財産のある私には、金銭をもとめる必要もない。(3)名誉のためといっても、悪徳から名誉が得られるわけはない。またすでに私には名誉は欠けていないのである。(4)身の安全のためといっても、祖国を裏切る者は、法と正義と神々と大勢の人々といったもののすべてに敵対するのだから、安全であるはずもない。また敵を害し、味方を利するためでありえないし、危険や苦労をのがれるためでもありえない。裏切ればその反対のことが生じるからである。このように、私には裏切りの動機はなにも存在しないのである。

これらのことを詳細に論じたあと、パラメデスは、原告オデュッセウスに向かって問いかけ、論駁します。そのあとふたたび陪審員たちに対して訴えます。

自分のこれまでの生活にはとがめられるべきことはまったくなかった。それどころか、国のため人々のために貢献すること多大であった。ギリシア人のうちでも第一流の人々である諸君、どうか言葉よりも事実に心を向けてもらいたい。論駁よりも非難告発のほうを重視すべきでない。戦友を、また諸君やギリシアのために尽くしてきた者を、不正にも死にいたらしめ、万人にその責めを負うことになってはならない。

そして最後にこれまで申し述べたことを、ギリシア人のなかでも一流中の一流の諸君に向かって、あらためて要約するまでもあるまいと結語します。

このようにして「パラメデスの弁明」は終わるのですが、ここで、パラメデスのオデュッセウスに対する論駁をもうすこし詳しくみておきましょう。

パラメデスのオデュッセウスに対する論駁

まずパラメデスによって、オデュッセウスの告訴の根拠が問われます。

そもそもあなたが私を告訴したのは、(1)事実を正確に知っていてか、それとも(2)単なる憶測によってであるのか。

ついで(1)の場合はありえないことが論証されます。

もし知っていて告訴したというならば、どうして知っているのか。それは、(a)目撃したからであるのか、(b)仲間に加わっているからであるのか、(c)仲間に加わった者から聞いたからであるのか、いずれかでなければならない。

(a)目撃したのならば、いつ、どこで、どのようにして目撃したのかを説明してもらわなければならない。(b)もし仲間に加わったのならば、同じ責任を負わなければならない。また、(c)誰か仲間に加わった者から聞いたのならば、その者を証拠、証人として出してもらわなければならない。

あなたは起こったと主張していることの証人を出していない。私も事実起こらなかったということの証人を出していない。しかしこれらは同等ではない。起こらなかったということの証人を出すことは不可能であるが、事実起こったことの証人を出すのは可能であるばかりか、容易だからである。いやそれどころか必然だからである。ところがあなたは証人を見出すことはできないのだ。

それだから、あなたは事実を知らないで告訴しているということは明らかである。

このようにして、告訴の根拠(1)が否定されます。残る根拠は(2)しかありません。

そうすると、あなたは憶測しているにすぎないのだ。憶測というのはもっとも信頼できないものだ。あなたはそれを信じて、真実を知らないのに、人を死に追いやろうとするのか。人は真実よりも憶測のほうを信じるべきものと考えてはならない。反対に、憶測よりも真実のほうを信じなければならないのだ。

憶測による告訴はまったく不当であるということが訴えられます。そして最後に、告訴の含む論理的矛盾が突かれることになります。

オデュッセウスよ、あなたは私を正反対の二つの理由で告訴した。すなわち、知恵と狂気ということである。これらは同じ人間がもつことのできないものだ。私のことを術策に長《た》け、利口で、計略に富むという場合、知恵があるといって私を告発したことになる。しかし、ギリシアを裏切ったという場合、狂気だといって告発したことになる。不可能なこと、不利で恥ずべきことを企て、それがもとで、味方を害し、敵を利し、自分の生活を非難に満ちた耐えがたいものにするのは、狂気の沙汰だからである。

知恵のある人は思慮分別があるはずである。思慮分別があるならば、最大の罪を犯して現在の善よりも悪のほうを選ぶというようなことはしない。だから私が知恵者ならば、罪を犯さなかったであろう。また罪を犯したのならば、私は知恵者ではないことになる。したがって、どちらの点からも、あなたは偽っていることになる。

パラメデスが知恵のまわる者であって、ギリシアを裏切り、敵に内通したというオデュッセウスの告発から、矛盾が導き出されるわけです。弁論のなかで論理的整合性が真正面から問題にされている点が大いに注目されます。

エレア派のゼノンの反論術

ゴルギアスが「パラメデスの弁明」で用いた論駁法は、相手の主張から矛盾を論理的に導き出すことによって、その主張が偽であることを論証するという方法です。これは「背理法」あるいは「否定式」（αならばβ、しかるにβでない、ゆえにαでない）と呼ばれる妥当な推論規則に即したものです。

このような論駁法・反論術を最初によく用いた人として知られているのは、前五世紀に活躍した学派、エレア派のゼノン（前四五〇頃）です。彼は、動くものが存在するという主張を論駁するために、「アキレウス」の論（最も遅い走者〔亀〕でさえ最も速い走者〔アキレウス〕によって追いつかれることはけっしてないという結論を導出する論証）や、「矢」の論（飛んでいる矢は静止しているという結論を導出する論証）などを展開しました。

ゼノンの一連の論証は「ゼノンのパラドクス」として有名です。それらの論証はいずれも、彼の師であった哲学者パルメニデスの存在論（形而上学）に反対する主張を論駁するために、考え出されたのです。

ゼノンの論法は、プラトンの多くの対話篇に登場するソクラテスが、相手の主張を論駁するときによく用いる常套手段となっています。最初にディアレクティケー〔問答〔対話〕術〕を哲学的探究のための言論の方法として提唱したのはプラトンです。そのディアレクティケーでは、正しくない主張を反論・論駁するための方法が重要な役割をになっています。プラトンのディアレクティケーにおけるいわゆる「仮定」の方法〔本書第六章参照〕のなかでも、仮定の健全性を調べるときに、この方法が援用されるのです。

アリストテレスはエレアのゼノンのことを「ディアレクティケーの発見者」と言った、ということが伝えられています〔ディオゲネス・ラエルティオス『ギリシア哲学者列伝』九巻二五節〕。もしアリストテレスがほんとうにそう言ったのだとすると、ディアレクティケーにおけるゼノン流の論駁法・反論術の重要な役割に注目したからでしょう。

ソフィストの争論術

そのゼノンの反論術が、詭弁ばかりを弄するソフィストたちの手に入ると、争論術

（エリスティケー）と呼ばれるものになります。プラトンの『エウテュデモス』に登場するディオニュソドロスとエウテュデモスという兄弟はその典型です。

相手に対しては、それが真であろうと偽であろうとどんな主張にも反論します。相手の主張を両立不可能な結論に導き、相手を言い負かすことだけが目的です。そのために、多義的な語や意味の不明確な表現をわざと用いたり、正しいとみえてじつはそうでない推論をあやつるのです。『エウテュデモス』では、

「学ぶ人は無知であり、かつ知者である」

「無知な人に知者となることを望むのは、彼がなくなることを望むということである」

「嘘をつく（虚偽を語る）ということは不可能である」

「反論するということは不可能である」

「人はみな、一つのことでも知っているならば、すべてのことを知っていることになる」

「エウテュデモスの父親はすべての人の父親である」

「君のもつ父親犬は、君の父親である」

など、たくさんの詭弁がくりひろげられています。

レートリケーに対するプラトンの批判

プラトンは、当時流行していたレートリケーに対して、『ゴルギアス』と『パイドロス』のなかで批判しています。

『ゴルギアス』における批判はつぎのようなものです。

レートリケーは当時の弁論家たちによって、一般に「説得をつくり出すもの」（『ゴルギアス』四五三Ａ）であるといわれていました。レートリケーとは説得術だということです。しかしその説得というのは、論じられる事柄に関する「知識《エピステーメー》をもたらす説得」ではなく、「信念《ピスティス》だけをもたらす説得」にすぎないと批判されるのです（同上四五四Ｅ―四五五Ａ）。プラトンにとっては、「知識」というのは真なるものであり、しかも体系的な理論を伴うものでなければならなかったのです。それに対して、「信念」は真である場合もあれば、偽である場合もあるような思いなし（ドクサ）の一種にほかならないとされるのです。

いかにもレートリケーは、人々を説得し支配できるようになる能力をもたらすという点で、一種の政治術であるかのように、ソフィストたちによって喧伝されていました。しかしプラトンからみると、それは政治術つまり政治の技術ではなかったのです。

プラトンは、一般に技術は取り扱う対象の善（すぐれていること）をめざすものだと考えます。政治術は人々の心（精神）を対象とし、心ができるだけ善いものとなり、人々がすぐれた市民（社会人）となるように配慮する技術だと考えるのです。これに対して、レートリケーは人々の心にもっぱら快をもたらすことだけを狙い、その快が善いものなのか悪いものなのかについては無関心である、とみなします。だからプラトンは、レートリケーは技術ではなくして「迎合」の一種にほかならないと批判するのです。

そのうえまた、一般に技術は取り扱う対象についても取りおこなう処置についても理論的な知識をそなえていなければならないのに、レートリケーにはそういうものが欠けているとみなされます。だからプラトンはレートリケーは技術ではなく単なる「経験」や「熟練」にすぎないと批判するのです（同上四六二B―四六五C、五〇一AB）。

当時のレートリケーに欠けていた知識

当時「言論の技術」の名で呼ばれていたレートリケーの教科書の内容は、もっぱら弁論の主要部分の配列の仕方やさまざまな修辞法に関するものでした。このことは、さきにあげた『パイドロス』の箇所にも描写されていたとおりです。しかしプラトンによると、これらはいずれも技術としてのレートリケーにとっては予備的学習事項にすぎないのです(『パイドロス』二六九B)。

　ちょうどたとえば、薬を処方して、からだを温めたり冷やしたり、嘔吐《おうと》させたり下痢をさせたりすることを心得ていて、ほかにも同じようなことをたくさん知っているとしても、それらは医術以前の事柄であるのと同様だというのです。それらの処方のひとつひとつを、どういう人たちに、どのようなときに、どの程度まで、適用しなければならないかということを知るのでなければ、医術とはいえないわけです。

　プラトンによると、レートリケーは「言論による一種の魂(心)の誘導」(同上二六一A)であり、言論の機能は魂(心)を説得によって導くことにあるのです。したがって、レートリケーは言論が向けられる人々の心と、用いられる言論と、言論の心に対する説得的な働きかけとに関する知識を伴うものでなければならないのです。人々の心にはどれだけの種類のものがあり、それぞれどんな性質のものであるのか、言論にもどれだけの種類のものがあり、それぞれどんな性質のものであるのか、どういう性質の心をもつ人々がどういう性質の言論によってどんな理由で説得されたり、説得されなかったりするのか。こういったことに関する知識をレートリケーは備えていなければならないということです。しかし当時のレートリケーの教科書にはその説明が欠けていたわけで、その点が批判されるのです（同上二七〇E―二七二A）。

「真実らしいもの《エイコス》」と「真実」の違い

さらにまた、世の弁論家たちの重要な主張が取り上げられます（『パイドロス』二七二D―二七三A）。それによると、レートリケーに必要なのは、正しい事柄、善い事柄などの「真実」（真理）に与《あず》かることではないのです。大切なのは、「真実」ではなく「説得的なもの」（人を信じさせる力をもったもの）、つまり「真実らしいもの」のほうだというのです。「真実らしいもの」こそが大衆に対する説得を可能にするわけです。というのも、「真実らしいもの」はまた「多数の者（大衆）にそうだと思われるもの」（通念）にほかならないからです。

しかし弁論家たちのこのような主張はプラトンによって批判されます（同上二七三D、二六二A―C）。何が真実らしいものであるかを見出すことができるためにも、まず真実を知っているのでなければならないことが指摘されるのです。真実らしいものとは「真実に似たもの」にほかならないが、真実そのものを知らないのなら、何が真実に似たものであるのかもわからないはずだという論です。

それでは真実（真理）を知るためにはどうすればよいのでしょうか。

プラトンにとっては、その方法はディアレクティケー（同上二六五D―二六六C）でなければならなかったのです。プラトンのディアレクティケーは、要するにプラトンにとっては哲学（知を愛し求める営み）の方法なのです。レートリケーはディアレクティケーによる哲学的探究のなかではじめて技術として成立しうるということになります。そうでなければレートリケーは知識を欠くことになるので、技術であることはできない。これがプラトンの当時のレートリケーに対する根本的な批判であります。

イソクラテスのレートリケーを中心とする教養

ところで弁論修辞家のほうもプラトンの批判を甘んじて受け入れていたわけではありません。プラトンの思想に対抗した代表的な弁論修辞家としてイソクラテス（前四三六―前三三八）の名が挙げられます。

彼はアテナイにおいて弁論修辞の学を人間としての教養のための中心科目とする学校を開設しました。プラトンの学園「アカデメイア」の創設（前三八七頃）に数年先立つ前三九二年頃のことです。その後のイソクラテスは死去するまで半世紀ものあいだその教育にたずさわり、政治家、弁論修辞家、歴史家、詩人など、種々の分野にわたる多くの弟子を送り出しました。

イソクラテスは、他の多くのソフィストや弁論修辞家たちからもプラトンのような哲学者からも自分を区別します。

人間として何を為すべきかの知識をさずけると称して、じつは争論と詭弁の術を教えるにすぎない劣悪なソフィストたち、政治的な言論の技術が人の素質や実地の経験にかかわりなく機械的にさずけられるかのようなふりをする弁論の教師たち、いわゆる「技術」(言論の技術)の教科書を書き、低俗な法廷弁論にたずさわっている初期の弁論家たち——、そういった人たちをイソクラテスは非難の的とします(『ソフィストへの反駁』)。

他方また、プラトンの哲学に対してもイソクラテスは批判を加えます。彼は「言論に関しても行為に関しても現実の場で何の役にも立たないものを哲学の名で呼ぶべきではない」(『アンティドシス(財産交換論)』二六六節)と考えます。したがって、プラトンの学園アカデメイアで研究されているような争論的言論(ディアレクティケーを指す)とか天文学や幾何学などの厳密な学問とかについては、「心の体育訓練」または「哲学のための準備」として、ある程度の有用性を認めるにすぎません(同上二六一、二六五、二六六節)。

イソクラテスにとっての「哲学」

イソクラテスにとって「哲学」とは、プラトンのいうような哲学ではありません。問題とされる事柄について体系的な知識《エピステーメー》を探究する営みではないのです。イソクラテスの考え（『アンティドシス』二七一節）では、「何を為すべきか、何を語るべきか」について厳密な「知識」を獲得することは「人間の本性」にとってもともと「不可能」なのです。したがって、「知者」（ソポス）とは「思いなし（健全な判断）――ドクサ――によって大概のばあいに最善のものに達することのできる人々」のことです。そして「哲学者」（ピロソポス）とは、「そのような思慮分別《プロネーシス》を最もすみやかに獲得するもとになる事柄の勉学に従事する人々」のことなのです。イソクラテスのいう「思慮分別」とは、実生活において何を為すべきかという政治的・倫理的な行為の規範に関する健全な判断（ドクサ）にほかなりません。それをプラトンの哲学が求めるような精確な知識《エピステーメー》として獲得することはできないというのです。

しかも「思慮をもって行為される事柄は何ものも、言論の力なしには生じないこと、またあらゆる行動、あらゆる思想を導くものは言論であり、その言論を最もよく用いるのは最も多くの知性をもつ者である」（同上二五七節）とイソクラテスは主張します。

思慮分別に裏づけられた言論、人々相互の説得こそが、野獣としての生からの脱却、国家社会の建設、法の制定、技術の発明など、われわれのあらゆる文化の確立をうながした（同上二五四節）とみとめるわけです。

イソクラテスは、レートリケーを中心として詩文、歴史、政治、倫理道徳などを合わせて学ぶことによって、人間的（人文的）教養の獲得をめざす「哲学」を提唱しました。その教養というのは前述のような思慮分別を伴う言論の教養だったのです。このようにしてイソクラテスは西洋におけるレートリケー（レトリック）を中心とする人文的教養の伝統の基礎を確立したのです。

次章で取り上げるアリストテレスによるレートリケーの理論は、以上のような歴史を背景として成立したものです。

第二章　アリストテレスのレートリケー理論

アリストテレスによるレートリケーの定義

アリストテレスの定義によると、レートリケーとは「それぞれどんな事柄に関してでも、可能な説得手段（説得的なもの）を見つける能力」（『弁論術』一三五五b二五）であるということになります。

「説得的なもの」といっても、どういう種類の人にとってであるかによって異なります。また「説得的なもの」のうちにも、「それ自体だけでただちに説得的であって信じられるもの」と「それ自体だけで説得的なものを根拠にして証明されていると思われることによって説得的なもの」とがあります（同上一三五六b二八）。単に「証明されている」だけではなしに、説得しようとする相手によって「証明されていると思われる」のでなければなりません。

「説得的なもの」とは、まず、相手としている何らかの種類の人々にとって「そうだと思われること」（エンドクサ）（同上b三四）でなければなりません。さらにはそれに基づいてある主張を相手に説得しようとするならば、それを単に証明、つまり論証するだけでは不足です。相手の信頼を獲得し、相手のパトス（感情）をも誘導する説得的な仕方で論証しなければならないのです。その論証の前提となる説得的なエンドクサとその論証の論理を見つけ出す能力、それがアリストテレスのレートリケーなのです。

レートリケーは能力のうえではどんな事柄でも言論の対象として取り上げることができます。しかし実際は、アリストテレスの『弁論術』をみると、その対象は主として人々の政治的・倫理的な行為に関する事柄です。

レートリケー理論の概観図――三つの研究課題

つぎの図（本書六六～六七ページ参照）はアリストテレスの『弁論術』にみられるレートリケーの研究課題を整理して表示したものです。これによって彼のレートリケー理論の全体を概観することができるでしょう。

アリストテレスによると、レートリケーの研究課題は三つあります。

説得立証（説得するための証拠立て）は「一種の論証《アポディクシス》」（『弁論術』一三五五a五）なのですが、それがどのようにして得られるかという「説得立証法《ピスティス》」と、語らなければならないことをどのように語ったらよいのかという「修辞《レクシス》（表現）法」と、弁論の

〔説得推論，例証を
構成する前提命題〕Ⅰ2

- 真実らしいこと《エイコス》
- 非必然的徴証《セーメイオン》
- 必然的徴証＝証拠《テクメーリオン》

→ 〔共通トポス（場所）〕Ⅱ23
すべての種類の弁論に共通な，論証の一般型（説得立証の一般形態）が見出されるトポス

- ロゴスによる説得立証
  - 審議弁論における（議会）　Ⅰ4-8 ── 利害（善悪）に関する前提命題が見出されるトポス
  - 法廷弁論における　Ⅰ9 ── 正・不正に関する前提命題が見出されるトポス
  - 演示弁論における（儀式）　Ⅰ10-14 ── 美醜（徳・悪徳）に関する前提命題が見出されるトポス

〔固有トポス（場所）〕

〔共通な事項〕
Ⅰ3, Ⅱ18, 19
- 可能・不可能な事柄
- 過去・現在・未来の事柄
- より大・より小なる事柄

- エートス（品性・人柄）による説得立証　Ⅱ12-17 ── 思慮分別（行為知），エートス的徳，好意に関する命題が見出されるトポス，さらに，聴き手の感情，習性，年齢，運などとのかかわりで異なるエートスに関する命題が見出されるトポス

- パトス（感情）による説得立証　Ⅱ1-11 ── もろもろの感情（パトス）について，その定義，その感情を抱く人の心の状態，その感情が向けられる相手，その感情を引き起こす原因（理由）に関する命題が見出されるトポス

（参考箇所として，Ⅰ.Ⅱ.Ⅲは『弁論術』の巻数を，1，2，3などはその章数を示す）

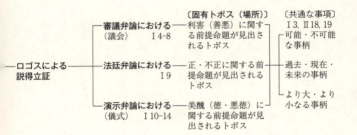

アリストテレスのレートリケー理論の概観図

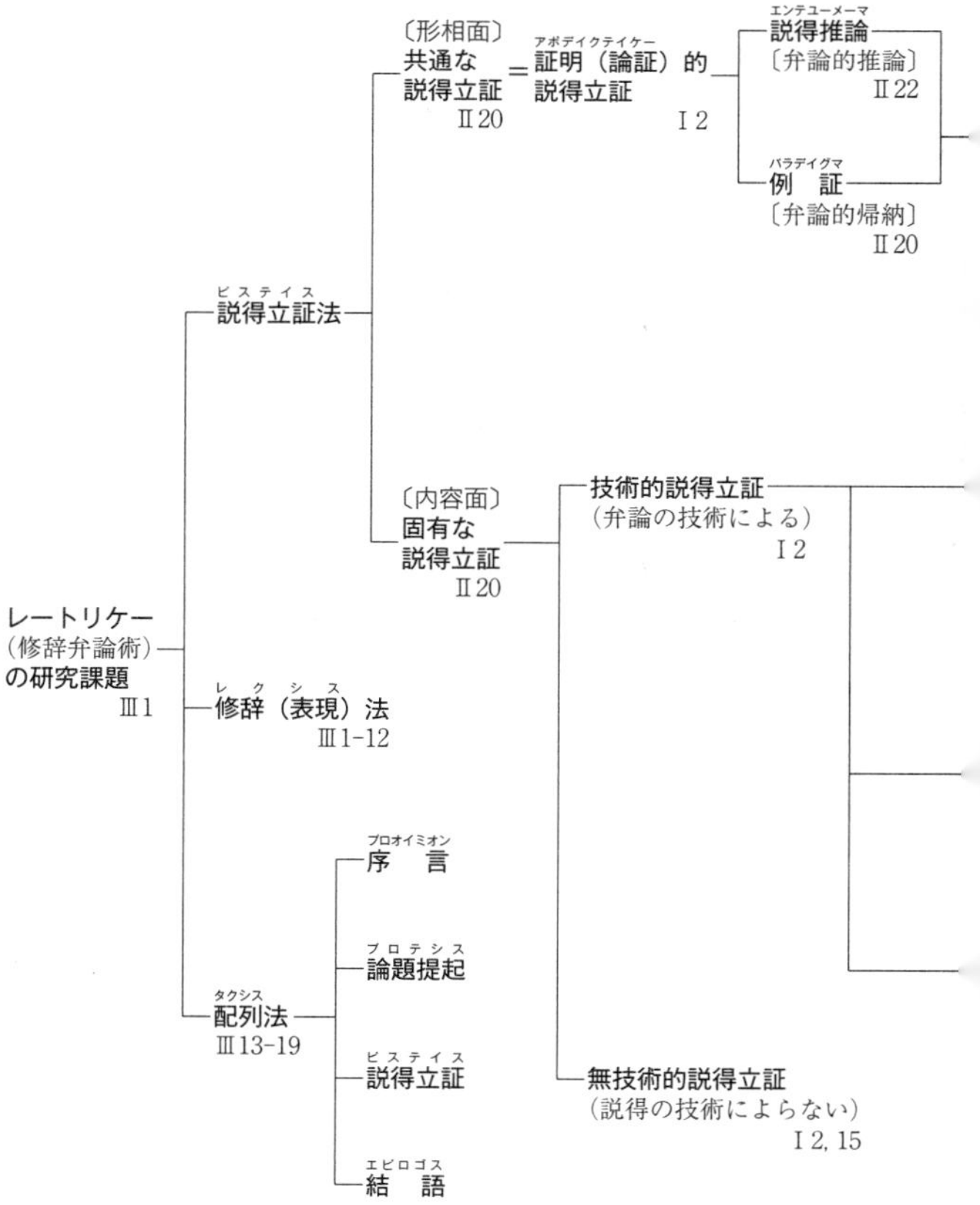

諸部分をどのように配列したらよいかという「配列法《タクシス》」です。

アリストテレスの『弁論術』三巻のうち、修辞法と配列法の研究には最後の第三巻が当てられているだけです。それに対して説得立証法の研究には第一巻と第二巻が当てられているのです。

アリストテレスのレートリケーにおいては、説得立証の方法の研究が一番大きな比重を占めることは明らかです。

修辞法について

修辞法に関して論じられているのは、表現の優秀さとしての明瞭さと適切さ、生彩のない陳腐な表現、隠喩や直喩の使用、文法上の正しさ、重厚な表現、散文のもつべきリズム、並置された節や対置された節を含むペリオドス（始め終わりがあり、全体として見通しやすい長さの表現）、洗練された表現、目の前に浮かぶような生き生きとした表現などです。

とりわけ注意したいのは、「〔文学作品でない〕散文《ロゴス》と詩《ポイエーシス》〔文学作品〕では表現方法が異なる」（『弁論術』一四〇四a二八）というアリストテレスの当然の指摘です。ゴルギアスは美文で有名ですが、彼のように弁論のなかに詩的表現を用いることが批判されているのです。詩の韻律を用いるとか、日常語として使われていない言葉で飾りたてるとかいうことです。

一般に文学作品以外の散文において、「詩人〔作家〕たちを真似るというのは滑稽なこと」（同上a三五）なのです。たしかに隠喩や直喩などの比喩のように、文学作品以外の散文にも有用な修辞法がないではありません。そこで、「散文の表現に有用なのは慣用語や事柄に固有な語や比喩だけである」（同上b三二）といわれます。これらの語はすべての人々が日常語として用いているものです。したがって、これらの語でうまくつくられた文は、斬新なところがあっても、技巧に気づかれることなく、しかも意味の明瞭なものとなるわけです。

配列法＝弁論の四部構成

アリストテレスは、一般に弁論において、ぜひとも必要な部分は「論題提起《プロテシス》」と「説得立証《ピスティス》」の二つであると言っています（『弁論術』三巻一三章）。

論題提起というのは、弁論によって証明されるべき事柄を述べることであり、説得立証というのはその事柄を論証することです。訴訟事件に関する事実を叙述する陳述は、特に弁論の不可欠な部分であると認められてはいません。それは法廷弁論だけに属するからです。一般に、論題に関する事実の叙述といった意味での陳述は論題提起の部分に含まれます。だからアリストテレスは、弁論の部分は多くともこれらの部分の前後に「序言《プロオイミオン》」と「結語《エピロゴス》」をつけ加えた四つの部分で十分であるとします。

アリストテレスによれば、序言の役割は弁論で取り扱われる事柄を明らかにすることにあります（同上一四章）。それゆえ、事柄が明らかで、簡単であるならば、序言は不要なのです。しかしまた、序言は語り手が自分についての偏見を聴衆から取り除いたり、自分への好意を抱かせたりするのに用いられます。聴衆の注意を喚起することも序言でおこなわれます。もっともこのことは弁論のどの部分でも共通におこなわれなければならないとアリストテレスは言います。聴衆は弁論の初めよりもむしろ他のところで注意をおろそかにしやすいからです。

結語の役割は、さきのプラトン『パイドロス』のなかで「概括」について言われていたのと同様です。それは語られた事柄を要約して聴衆に思い出させることですが、そのほか、アリストテレスによると（同上一九章はじめ）、聴衆が自分（語り手）には好意を、自分と対立する相手には敵意をもつようにすることや、立証されたことを誇大または過小にして見せることや、聴衆を特定の感情に導くことも含まれます。

序言、論題提起、説得立証、結語という弁論の四部構成は、われわれ日本人にはいわゆる「起承転結」という詩文の四部構成を連想させるかもしれません。しかし両者を混同してはなりません。起承転結は、文学的な文章の構成法としては役に立ちます。しかし弁論、つまり人々を説得するための言論にはあまり役に立ちません。起承転結には論証性が欠けていますが、弁論には論証性が不可欠なのです。序言、論題提起、説得立証、結語という構成法は、そのような弁論的言論のためにあるのです。その核心となるのは論題提起と説得立証の部分であり、それらの部分が本論なのです。

三種類の弁論の理論的区別

アリストテレスは当時までに発展してきた種々の弁論を、理論的に三種類に区別します（『弁論術』一巻三章）。「審議弁論」（議会弁論）と「法廷弁論」と「演示弁論」です。

審議弁論というのは、議会など公の会議その他の集会に集まる人たちとしての聴衆に向けられます。その弁論は「将来」のことに関して、「利益」（善）と「損害」（悪）とに着目しながら、ことをおこなうように「勧奨」したり、あるいはおこなわないように「制止」したりするものです。

法廷弁論というのは、「裁判委員」（裁判官、陪審員）たちとしての聴衆に向けられ

三種類の弁論の理論的区別の表

（種類）	言論行為（何をするのか）	関係するとき（いつのことについてか）	的となる事柄（何が論の的か）	目標となる人（誰に向けてか）
審議弁論	勧奨 制止	将来	利益（善） 損害（悪）	民会議員など
法廷弁論	告訴 弁明	過去	正 不正	裁判委員
演示弁論	賞賛 非難	主に現在	徳（美） 悪徳（醜）	観衆
				聴衆＝判定者

ます。それは「過去」の行為に関して、「正」と「不正」とに着目しながら、相手側を「告訴」したり、自分側を「弁明」したりするものです。

演示弁論というのは、冠婚葬祭の儀式などに集まった「観衆」としての聴衆に向けられます。それは「過去」や「将来」のことにも言及しますが、主として「現在」のことに関して、「美」（徳）と「醜」（悪徳）に着目しながら、人の行為を「賞賛」したり「非難」したりするものです（右の表参照）。

この区別は、その後のレトリック理論のなかにも定着することになります。

説得立証《ピスティス》——技術的なものと無技術的なもの

法廷弁論であれ、審議弁論であれ、演示弁論であれ、人が弁論をおこなうのは、聴き手を説得するためです。レートリケーはそのための技術であるわけです。

アリストテレスは、一般に「技術」（技術知）というのは「真なるロゴスを伴って何かを作りうる習性態」のことだといいます（『ニコマコス倫理学』一一四〇a一〇）。どんな技術も、めざすもの（目的）をどうすれば作り出すことができるか（手段）について、単なる経験や熟練だけではなく、さらに理論や知識をそなえていなければなりません。「真なるロゴス」の内実はそのような理論や知識なのです。レートリケーの技術についてのアリストテレスの定義をさきに示しました。「それぞれの事柄に関して、可能な説得手段（説得的なもの）を見つける能力」ということです。これはまた、どんな事柄に関しても、真なるロゴスを伴って、説得を作りうる（説得しうる）習性態でもなければならないわけです。

このようなレートリケーの技術に属するものは、アリストテレスによると、「説得《ピステ》立証《イス》」（説得するための証拠立て）につきるのです（『弁論術』一三五四a一三）。

ひとくちに説得立証といっても、レートリケーの技術によらないものと、技術によるものとが区別されます。前者は「無技術的な《アテクノス》」説得立証と呼ばれ、後者は「技術的な《エンテクノス》」説得立証と呼ばれます（同上一三五五b三五）。

無技術的な説得立証というのは、「法廷弁論に固有なもの」であるとされます。それには「法律、証人、契約、拷問による自白、誓言」という五つのものが挙げられています（同上一三七五a二三）。これらは説得立証のために用いられますが、レートリケーの技術によって得られたのではなく、前もって存在していたものです。

他方、技術的な説得立証というのはつぎに取り上げる三種のもの、つまり、「ロゴス」「パトス」「エートス」による説得立証のことです。これらはレートリケーの技術によって見つけ出されるのです。

三種の技術的な説得立証

弁論の最終目的は聴衆を説得することにあります。弁論に耳を傾けて判定を下すのは聴衆です。それでは聴衆が説得されるのは何ゆえにでしょうか。

アリストテレスによると、「論証が与えられるゆえに」（『弁論術』一四〇三b一二）、あるいは「自分自身（聴衆）が何らかの感情を抱くゆえに」（同上b一〇）、あるいは

「語り手をある性質（倫理的性格）の人物と受け取るゆえに」（同上b一一）なのです。

アリストテレスによると、弁論によってもたらされる説得立証としては、三種のものがあるとされます。事柄の「ロゴス」（論理的説明）によるものと、語り手の「エートス」（品性・人柄）によるものと、聴衆の「パトス」（感情・情念）によるものの三種です（同上一巻二章）。

ロゴスによる説得立証は、「真実または真実とみえることを、それぞれの事柄に関する説得的なもの《ピタノン》から証明する」（同上一三五六a一九）ことによっておこなわれます。その際、証明つまり論証されるのは、問題の事柄（行為）の利害（善悪）、正・不正、美醜（徳・悪徳）ということです。

しかしロゴスによる説得立証だけでは、人々を説得するのに十分ではないのです。言われたことは理解できるが、信用できない、同意同感できない、ということはよくあることです。人間の意志（願望）や感情が生じる心の欲求的（または欲望的）部分は無理性（無ロゴス）的部分であって、それは理性（ロゴス）的部分に反対するときもあれば、服従するときもあります。欲求的部分が理性的部分によって説得されるためには、さらにつぎのような説得立証による働きかけが必要なのです。

その一つがエートスによる説得立証です。それは聴衆に対して「語り手を信頼に値する者であると判断させるように言論が語られる」（同上一三五六a五）ことによっておこなわれます。もう一つはパトスによる説得立証です。それは、「聴衆が言論によってある感情へと誘導される」（同上a一四）ことによっておこなわれます。語り手の期待するような感情を問題の事柄（行為）に対して抱くように、聴衆を言論によって誘導することです。

プラトンは、『パイドロス』のなかで、技術としてのレートリケーには、言論が向けられる人々の心、用いられる言論、人々の心に対する言論の働きかけに関する知識が備わっていなければならないとしました（本書第一章五六ページ参照）。説得立証に関するアリストテレスの理論はプラトンのこの要求に応えたものということができるでしょう。

説得立証は当面の問題にだけかかわる

エートスによる説得立証、パトスによる説得立証といっても、アリストテレスのいうのは、あくまでもレートリケーの技術によるものを指します。それらは、弁論の主題となっている事柄以外のことで聴衆の信頼を得るとか、聴衆の感情に訴えるとかすることを含みません。

当面の問題とはかかわりがないのに、語り手が自分の社会的地位や過去の業績や立派な世評を語って、あらかじめ聴衆の信頼を得ることができるかもしれません。あるいは、当面の問題とは別のことを持ち出して、聴衆をある感情に誘い込み、自分の望む判定を下すようにしむけることができるかもしれません。たとえば、別のことを持ち出して、脅しで恐れの感情を抱かせたり、泣き落としで憐れみの感情を抱かせたりすることです。しかし、たとえそういったことが何らかの効果をもつとしても、それらはレートリケーの技術による説得立証ではないということです。

アリストテレスは、当時の言論技術書の著者たちが、当面の問題とかかわりなしに裁判委員の感情を左右することの研究にのみ努めていることを批判しています（『弁論術』一三五四a一一以下）。

「論証的な説得立証」または「共通な説得立証」

アリストテレスによって、「一種の論証《アポディクシス》」（『弁論術』一三五五a五）として「論証的と思われる説得立証」（同上一三五八a一）、または「共通な説得立証《エンテューメーマ》」（同上一三九三a二四）と呼ばれるものがあります。それには「説得推論」と「例証《パラデイグマ》」とがあります。

証明または論証ということを、広い意味に解釈しますと、それは何ごとかを主張するための理由を説明する言論だといえるでしょう。アリストテレスは、そのような広い意味での証明を「推論《シュロギスモス》」と「帰納《エパゴーゲー》」の二種類に分けます（『分析論前書』六八b一三、『分析論後書』七一a五、『トピカ』一〇五a一〇、『弁論術』一三五六b八）。

論理学で推論というのは、いくつかの前提命題から結論命題が論理の必然によって導き出される言論のことです。妥当な（正しい）形式の推論においては、前提がいずれも真であれば、必ず結論も真となります。

また帰納というのは、Aである（属性Aをもつ）いくつかのものがBである（属性Bをもつ）という個別命題を理由（前提）にして、AであるすべてのものがBであるという普遍命題を主張（結論）しようとする言論のことです。言い換えると、同種のいくつかのものがそうであるということを理由として、同種のすべてのものがそうであるということを主張する論法です。

いくつかの個別命題から普遍命題を推論することは妥当ではありません。だから帰納の場合、前提がいずれも真であっても、結論は真であるという保証はありません。しかし否定的な事例が見つからなければ、反論されないことにもなります。

そしてレートリケーにおける推論と帰納にあたるものが「説得推論」と「例証」な

のです（『弁論術』一三五六b四）。

ロゴスによる説得立証は「論証が与えられるゆえに」成り立つものです。説得推論と例証はその論証の形態だと考えられます。それでは両者はどのような論証なのでしょうか。

説得推論《エンテューメーマ》とは

アリストテレスによると、たとえばつぎのような論証はひとつのレートリケー的推論、つまり説得推論です。

「ドリエウスは栄冠のかかった競技で勝利を得た（結論）。なぜなら、彼はオリュンピアの競技で勝利を得た（前提）のだから」

というものです。この場合、むろん論理学的に妥当な（正しい）推論であるためには、「オリュンピアの競技は栄冠のかかった競技である」という前提がもう一つ必要です。しかしこの前提は周知のことなので、これをわざわざ口に出して言う必要はないということです。聴き手のほうが自分で補って了解できるからです。

アリストテレスによると、説得推論においては、前提から結論に至るまでの過程があまり遠くてもいけない。また推論の段階をすべて押さえながら結論に達するというのでもいけないのです。さきの場合は、遠すぎて聴衆にはわからなくなるし、あとの場合は、わかりきったことを言うので無駄口となるのです（『弁論術』一三九五b二五以下）。説得推論はできるだけ圧縮しなければならないということです（同上一四一九a一九）。

このように説明してくると、説得推論は前提の一部が省略された推論であると思われるでしょう。しかしそう解釈する必要はありません。説得推論は後に取り上げる共通トポスに見出されるような一般型に即した推論だと考えられるからです。

説得推論の一つの一般型として、たとえば「何であれ、あるものに種（たとえば人間）が属する」を前提とすれば、「そのものに類（たとえば動物）もまた属する」が結論とされる、ということが見出されるとします。「属する《ヒユパルケイン》」というのは、アリストテレス論理学の用語で、「述語となる《カテーゴレイスタイ》」とも言い換えられている言葉です。それは「属性となる」「属性として当てはまる」というような意味です。

そこで、ドリエウスに関する推論をこの一般型に当てはめるとします。「ドリエウスが勝利した競技」を「あるもの」、「オリュンピア競技」を「種」、「栄冠のかかった競技」を「類」と見立てるわけです。そうすると、「ドリエウスが勝利した競技はオリュンピア競技である（前提）。ゆえにドリエウスが勝利した競技は栄冠のかかった競技である（結論）」という説得推論が成り立ちます。

論理学的には語られた前提だけからは当の結論は導き出すことはできません。しかし説得推論は論理学的推論の形式に即した推論ではないのです。何らかの前提を補足すれば、論理学的推論として解釈することもできるというだけのことです。説得推論をその一般型に即して理解すれば、前提に不足はないのです。

例証《パラディグマ》とは

また、レートリケー的帰納、つまり例証というのは、たとえばつぎのような論証です。

「ディオニュシオスは親衛隊を要求しているから独裁制を企んでいる（結論）。なぜなら、以前にペイシストラトスが独裁制を企んだときに親衛隊を要求して、それを手に入れると独裁者になったし、またテアゲネスもメガラ人のあいだでそうであったから。ほかにも、人々のよく知っている独裁者が皆そうだったのだ」（『弁論術』

一三五七b三〇）

というものです。整理すると、これは、

(1)ペイシストラトス、テアゲネスなど、親衛隊を要求した者はいずれも、独裁制を狙っていた

それゆえ、

(2)親衛隊を要求しているディオニュシオスは、独裁制を企んでいる

という論証です。このように例証というのは、既知のいくつかの個別的な事柄を述べた命題に基づいて、それらと同類の未知の個別的な事柄を述べた命題を論証しようとするものです。しかしこの論証には、

(3)親衛隊を要求する（すべての、または大概の）者は独裁制を企んでいる

という普遍命題が、暗黙の前提となっています。この普遍命題(3)は、(1)からの帰納によって導き出されるはずのものなのです。例証がレートリケー的な帰納と呼ばれる理由も、この点にあるといえるでしょう。

論証的な説得立証の前提の性格——真実らしいこと、証拠、徴証

アリストテレスは説得推論の前提または論拠として三種類のものを挙げています。「真実らしいこと《エイコス》」と、「証　拠《テクメーリオン》」（必然的な徴証《セーメイオン》）と、必然的でない「徴証《セーメイオン》」です（『弁論術』一巻二章、参考・二巻二五章）。これらはさきに（本書第一章三五〜三八ページ）見られたように、初期の言論技術（＝レートリケー）のハンドブックで取り上げられていたものでしょう。それをアリストテレスが取り入れたと考えられます。

真実らしいこと《エイコス》

「真実らしいこと」とは「大概の場合にそうである、またはそうであると思われること」（『弁論術』一三五七a三一、三四、一四〇二b一五）です。それを述べた命題は蓋然命題です。たとえば、「妬む人は憎むものだ」「借りたものを返すことは正しい」「子供は親を愛する」などは、蓋然命題だといえるでしょう。

しかし蓋然命題ですから、これらを前提とした説得推論に異論を唱えることができます。「妬む人が皆、憎むわけではない」「狂気に陥っている人に、以前借りた武器を返すことは正しくない」「親を憎む子供だっている」というわけです。

しかし蓋然命題に対して、必ずしもそうでない、必然的でない、といって異論を唱えただけでは、反論になりません。必然的ではないということは、蓋然命題である以上、当然のことなのです。反論するためには、それが蓋然命題ですらない、すなわち、真実らしいことでない、大概の場合にそうではないということを示さなければなりません。反対例として多くの事例を挙げる必要があるということです（同上二巻二五章）。アリストテレスによると、説得推論の前提は大多数が蓋然命題で、必然命題は数少ないのです（同上一三五七a三一、二二）。それはどんな理由によるのでしょうか。説得推論はレートリケー的推論です。レートリケーが取り扱う事柄は主として法や政治や倫理に関する事柄であって、その中身は人間の行為です。ところがアリストテレスによると、「為される行為はすべて他の仕方でもありうる（非必然的な）類《たぐい》のものであり、言ってみれば、どれ一つとっても必然的なものはない」（同上a二五）のです。したがって行為について述べた命題は、いずれもそれ自体は必然命題ではないことになります。

必然命題と言ったのは、たとえば「三角形の内角の和は（ユークリッド幾何学の論理的必然によって）二直角に等しい」とか、「地球は（自然的必然によって）太陽のまわりを回る」とかいう命題のことです。これらの命題は、他の仕方ではありえない必然的なことを述べているのです。しかし行為を述べた命題はそうではないということです。とは言っても、たとえば、ソクラテスがたまたま獅子鼻であったことを想い起こさせるとしても、「獅子鼻の人のおこないは正しい」というまったくの偶然命題は、説得推論の前提にはなりません。偶然命題は説得的ではないからです。説得推論の前提は、必然命題ではないとしても、少なくとも蓋然命題でなければならないのです。

徴証《セーメイオン》と証拠《テクメーリオン》

「真実らしいこと」というのは、説得推論の前提をそれ自体として特徴づけたものです。それに対して「徴証」というのは、説得推論の前提を結論との関係で特徴づけたものです。

当の結論に対して必然的な関係をもつ前提は、必然的な徴証として「証拠」と呼ばれます。たとえば、「彼は熱が高い」（前提）は「彼は病気である」（結論）の証拠です。あるいは（窃盗が罪の一種であるとして）「彼は窃盗犯人である」（前提）は「彼は罪を犯している」（結論）の証拠です。

証拠を前提とした説得推論には反論できません。「熱が高い者は病気である」や「窃盗犯人は罪を犯している」は、蓋然的に（大概の場合に）成り立つのではなく、すべての場合に成り立ちます。だから証拠といわれる前提が真であれば、必ず結論も真となるのです。

当の結論に対して必然的でない関係をもつ前提は、徴証であっても必然的ではないので証拠にはなりません。たとえば、「彼は呼吸が荒い」（前提）は「彼は熱が高い」（結論）の徴証です。あるいは、「彼はうそつきである」（前提）は「彼は詐欺師である」（結論）の徴証です。しかしいずれも証拠にはなりません。

必然的でない徴証を前提とした説得推論には、異論を唱えたり、反論したりすることができるのです。激しい運動の結果、呼吸が荒くなっただけで、病的な熱はないという場合があります。うそつきといっても、たわいないうそばかりで、詐欺罪になるほどのうそはつかないという場合があります。だから徴証としての前提が真であっても、必ずしも結論は真とならないのです。

ところがまた、熱が高ければ呼吸が荒いし、詐欺師ならばうそつきなのです。だから呼吸の荒い人が高熱でもある場合や、うそつきが詐欺師でもある場合が多いとも思われます。必然的でない徴証はいわば状況証拠に似たものです。

トポス――固有トポスと共通トポス

それでは論証的なロゴスによる説得立証の前提の具体的な内容はどのようなことなのか。エートスまたはパトスによる説得立証の論拠（前提）は具体的にはどのようなことなのか。論証的な説得立証の一般型が、論理学的推論の形式とは異なるとすると、どのようなものなのか。これらの問題に対する解答がアリストテレスのトポス論なのです。

「トポス」とはギリシア語で「場所」または「領域」ということです。それは基本的には空間的な場所・領域を意味します。しかし、レートリケーやディアレクティケーに関連して、アリストテレスが「トポス」というとき、それはいわば思想・言論のそれぞれの論拠が見出される場所・領域を意味します。つまり言論の拠りどころということです。

さきに言いましたように、レートリケーの技術に属する言論の核心は説得立証にほかなりません。その技術的な説得立証としては、ロゴスによるもの、エートスによるもの、パトスによるものという三種のものが区別されました。これらの説得立証において、主題となるそれぞれの種類の事柄に固有な論拠となる命題が見つけ出されるトポスのことを、アリストテレスは「固有なもの《イディオン》」（『弁論術』一三五八a一七、二八）、または「種《エイドス》」（同上一三五八a二七、三〇、三三）と呼んでいます。その内容はさまざまの説得的なエンドクサ（通念）の集まりであり、それを表現する命題の集まりです。それは個々の種類の事柄に固有な命題からなります。

説得立証のなかでも、とりわけ論証的なロゴスによる説得立証は、説得推論または例証の形態をとります。その前提は真実らしいこと、証拠、徴証といった特徴をもっているのでした。それに基づいてさまざまな主張が結論として導き出されるのです。その論証の前提となる命題が固有トポスにおいて見つけ出されるのです。

さらにまた、その論証の一般型が見つけ出されるトポスのことを、アリストテレスは「共通な」トポス（同上一三五八a一二、三二）と呼んでいます。そこでは、法の領域であれ、政治の領域であれ、自然の領域であれ、種類の異なる多くの事柄に、共通に適用される論証の一般型が見つけ出されるのです。

すべての種類の弁論に「共通な事項」

さらにまたアリストテレスによって、固有なトポス（種）でもなく、共通なトポスでもなく、すべての種類の弁論に「共通な《コイノン》事項」と呼ばれるものがあります（『弁論術』一三九一b二七、三〇、一三九二a四）。それは「可能なことと不可能なこと」「じっさい生じたことか、生じなかったことか、将来あるであろうことか、ないであろうことか」「事柄の重要性の大と小、より大とより小」に関する命題です（同上一三五九a一一以下、一三九一b二七以下、一三九二a八以下）。

たとえば、「より困難なものが可能であるなら、より容易なものもまた可能である」（同上一三九二a一二）とか、「部分が可能であるものはその全体も可能である」（同上一三九二a二八）など。あるいは通常、「より後から生じるものが生じたのなら、より先なるものも生じたのである」（同上一三九二b一七）とか、「ある目的の手段となるものが生じたのなら、その目的となるものが生じるのはありそうなことである」（同上一三九三a六）など。あるいは、「原因が二つある場合、より大きな原因から生じるもののほうが大きい」（同上一三六四a一五）とか、「それの反対のものがより大きいものは、より大きい」（同上a三二）などです。

論題とされる事柄や行為は、可能か不可能か、事実あったことか否か、将来あることか否か、大事な、あるいはより大事なことか否か。これらはどんな種類の弁論にとっても基本的な問題です。それを論じるのに役立つのが「共通な事項」と呼ばれる命題なのです。その事柄や行為は可能なことである。事実あったこと、将来あることである、重要な、あるいはより重要なことである。こういったことが明らかになってはじめて、その利害、正・不正、徳・悪徳が問われるのです。

これまではアリストテレスのレートリケー理論の全体について見てきました。以下の章では、アリストテレスのレートリケー理論におけるトポス論を、もっと詳しく見ることにしましょう。トポスはレートリケーによる言論の前提命題や論拠や論証の一般型が見つけ出される場所です。これらに基づいてこそ、われわれはレートリケーによる言論を展開できるようになるのです。

言うまでもありませんが、どんな種類の弁論をおこなうとしても、まず主題となる事柄や行為について、できるだけ情報を集め、事実関係を認識しておかなければなりません。それによってはじめて、その事柄や行為について、利害、正・不正、徳・悪徳を説くことができるのです。あるいはまた道徳的性格をもたせたり、聴衆の感情を動かしたりできるのです。そして勧奨や制止、告訴や弁護、賞賛や非難をおこなうことができるのです。レートリケーのトポスが役に立つのはそのときです。

まずロゴスによる説得立証に役立つ固有なトポスとして、

利害（善悪）に関する固有トポス（とりわけ審議〔議会〕弁論に有用なもの）

正・不正に関する固有トポス（とりわけ法廷弁論に有用なもの）

徳・悪徳（美醜）に関する固有トポス（とりわけ演示弁論に有用なもの）

を取り上げます（第三章）。

つぎに、エートスによる説得立証に役立つ固有トポス、さらに、パトスによる説得立証に役立つ固有トポス（第四章）、最後に、ロゴスによる説得立証に役立つ共通トポス（第五章）を順に取り上げます。

第三章　ロゴスによる説得立証に役立つ固有トポス

ロゴスによる説得立証の場合、固有なトポスは、利益（善）と損害（悪）、正と不正、美（徳）と醜（悪徳）に関するもろもろの通念的で説得的な命題を内容とするものです（『弁論術』一巻四―一四章）。

利害に関するトポスは審議弁論で主に注目されます。正・不正に関するトポスは法廷弁論で、徳・悪徳に関するトポスは演示弁論で、それぞれ注目されます。しかし、審議弁論は問題の事柄や行為の利害だけを論じるわけではありません。合わせて正・不正や美醜にも言及することもあるでしょう。ほかの弁論の場合も同様です。したがって、いずれのトポスも、すべての種類の弁論において必要に応じて注目されなければなりません。

I　利害・善悪に関する固有トポス

審議（議会）弁論に役立つ固有トポス

審議（議会）弁論は、行為に際して利益（善）を選び損害（悪）を避けるように人々を説得するものです。行為そのもの、またはその行為がもたらすものが、利益のある善いものであればこれを勧め、損害のある悪いものであればこれを制止するということです。

審議弁論のロゴスによる説得立証の内容は、当の行為またはそれがもたらすものが、利益のある善いものであることの論証です。あるいは反対に、損害のある悪いものであることの論証です。そのような論証の前提が見つけ出される思想・言論の場所が、審議弁論に役立つ固有トポスなのです。

その内容は、幸福をはじめもろもろの善（その反対は不幸をはじめとする諸悪）と、利益（または損害）とに関する概念や命題からなります。そのなかにはより大きい、あるいはより小さい利害・善悪に関するものも含まれます。

その概念や命題は主として世間一般の人々に共通な見解、言い換えるとエンドクサ（通念）に基づくものです。ときにはエンドクサに反することやエンドクサを超えたことを説得しなければならない場合もあるでしょう。そういう場合でも、論拠はエンドクサによって見つけ出さなければなりません。そうしなければ論証に説得力が伴わないからです。

行為の究極目的＝最高善＝幸福

アリストテレス（『ニコマコス倫理学』一巻一章）によると、人間のすべての意図的な行為は何らかの「善いもの」をめざしていると考えられます。その「善いもの」が行為の「目的」なのです。

行為が異なれば、その行為のめざす「善いもの」すなわち「目的」も異なります。目的とされる善いものは、たとえば、医療行為にとっては健康であり、統帥行為にとっては勝利であり、建築行為にとっては家屋であるというように、異なるわけです。多くの種類の行為があるのですから、それに対応して、めざされる善いもの、つまり目的もたくさんあることになります。アリストテレスはそれらの目的を三種類に分けています（同上一巻七章）。

目的には、まず、(1)「他のもののゆえに追求される（選ばれる）もの」（同上一〇九七a三二）があります。これは他の目的に達するための手段や道具にあたります。たとえば、建築行為の目的である家は風雨をしのぐなど他の目的に達するための手段です。金儲けの目的である金銭は生計の維持など他の目的に達するための道具です。

つぎに目的には、(2)「それ自体だけで選ばれもするが、また他のもののゆえに選ばれもするもの」(同上a三二) もあります。たとえば、名誉や快楽や理知その他すべての徳(人間的優秀さ)は、それ自体だけでも目的となります。しかしまたこれらは、さらに幸福を目的として選ばれもするということです。

最後に目的には、(3)「それ自体のゆえに選ばれ、けっして他のもののゆえに選ばれることのないもの」(同上a三三)があります。これはあらゆる行為の「究極目的」であり、「最高善」(最も善いもの)でもあるのです。それは幸福にほかならないと、アリストテレスはいいます。

「幸福とは何か」という幸福の内容に関しては人々のあいだで意見の相違があるとしても、とにかく最高善は「幸福」であると思われているということです(同上一巻四章)。

人間の行為の究極目的は幸福であるという考えは、古代ギリシア人に共通に認められていたことです。たとえばプラトンの『饗宴』(二〇五A)にも同様のことがいわれています。人が「幸福を望む」のは、もはや「なんのためにと問う必要のない」ことで、「究極的なこと」だというのです。そしてその望みは「万人に共通なもの」だということです。

幸福について一般に認められている定義

審議弁論は、主題となる事柄や行為についてわれわれはいかに判定すべきかを論じ、説得するものです。そのさい、人々のめざす究極目的が幸福であるとするなら、その幸福に寄与する行為を勧め、幸福に反する行為を制止すればよいわけです。そのためにはまず幸福とはどういうことであるかという定義を心得ておかなければなりません。

アリストテレスの倫理学（『ニコマコス倫理学』一〇巻七章冒頭、参考・一巻七章）による幸福の定義はつぎのようなものです。

究極的な「幸福」とは「最高の徳《アレテー》にかなった活動」である。しかるに、最高の徳とは「最善のものに属する徳」である。したがって、究極的な幸福とは、「最善のもの〔つまりは、われわれのうちにある最高のものとしての理性〕が、その固有な徳にかなった仕方でする活動」のことである。それはすなわち「観想活動」（テオーリアー）である──というわけです。

しかし、これはアリストテレスによる幸福の、いわば哲学的定義です。

他方、弁論が依存する幸福の定義は、世間一般の人々に認められているものであればよいのです。アリストテレスが『弁論術』（一巻五章）で述べているのはそういう定義です。それによると、幸福とは、(1)「徳を伴う善きおこない（成功）」、または(2)

「生活の自足」、または(3)「安定性のある最も快い生活」、または(4)「財産と身体に恵まれ、それらを維持し、役立たせる能力をもつこと」であるとされます。一般に人々が幸福と認めるのは、これらのいずれか、あるいはいくつかであるということです。

さらに幸福の部分（構成要素）として、いろんなものが挙げられています。生まれのよさ、たくさんのよい子供に恵まれること、富や財産、名声、名誉、健康、身体の美しさ、体力、身体の大きさ、よい老年を送ること、多くのよい友人をもつこと、幸運、徳などです。

プラトン（『法律』六九七B、七一七C、『ピレボス』四八DEなど）にも、アリストテレス（『ニコマコス倫理学』一巻八章、『政治学』七巻一章、『弁論術』一巻五章）にも認められることですが、善いものは行為者にとって、(1)精神的なもの、(2)身体的なもの、(3)外的なもの、の三種類に分けられます。正義《ディカイオシュネー》、勇気《アンドレイアー》、節制《ソープロシュネー》、高邁《メガロプシューキアー》（度量の大きいこと）、豪儀《メガロプレペイア》、気前のよいこと《エレウテリオテース》、思慮分別《プロネーシス》、知恵《ソピアー》などと呼ばれる徳は精神的な善いものに含まれます。健康、身体の美しさ、体力などは身体的な善いものに含まれます。生まれのよさ、友人、財産、名誉などは外的な善いものに入ります。これら三種類の善いものはすべて幸福の部分になるといえるでしょう。

利益のあるもの、善いものとは

われわれは何らかの善いもの、あるいは少なくとも自分たちにとって善いと思われるものを目的として行為するのです。自分たちがいま現にやっている行為にすっかり心を奪われて、その目的を忘れたり見失ったりすることもないではありません。あらためて目的は何だったのかを思い起こすことが必要となるときもあります。しかしともかく目的が決まっていることが意図的行為の前提条件です。

その際どうすればよいかが思案（審議）されるのは、アリストテレス（『弁論術』一巻六章、『ニコマコス倫理学』三巻三章）のいうように、行為の目的についてではありません。思案されるのは「目的のためになるもの」、目的達成の手段についてなのです。そしてその目的達成の手段となるものは、その行為に関して「利益のあるもの」であり、それがまた「善いもの」だといわれます（『弁論術』一巻六章）。

意図的行為の目的は、要するに幸福または幸福の部分です。それらを達成するための手段となるものはそれぞれ利益のあるもの、善いものであるわけです。逆に、そのような目的の達成を妨げるものはその行為に関して損害となるものであり、悪いものでもあることになります。一般に人々によって認められている善いものとして、アリストテレスはつぎのようなものを挙げています（同上）。

(1)そのものがそれ自体のために選ばれるものや、他のものがそのもののために選ばれるもの。

(2)すべての者が、あるいは知覚または理知をもつすべての者がめざしているもの、あるいは何者も理知を手に入れたらめざすであろうもの、また理知が一般にそれぞれの者に指示するであろうものや、理知がそれぞれの場合に応じてそれぞれの者に指示するもの。

(3)それが手元にあることによって人が善い状態におかれ、自足的になるもの。またそれだけで自足的なもの。

(4)そのような善いものを作り出したり維持したりするもの。またそのような善いものが結果として付随するもの、そしてそれらの反対の悪いものを妨げ、滅ぼすもの。

要するに、(1)は行為の目的とされるもの、(2)は理知の働きによって選ばれるもの、(3)は人を自足的にするもの、(4)は善いものの原因や善いものを達成する手段となるものであるといえるでしょう。

これらが善いものについて一般にみとめられている諸定義なのです。

利益のあるもの、善いものの例

利益のあるもの、善いものの個々の例をみていきますと、まず第一は幸福です。これは究極目的となる最高善です。

心の徳としては、さきに挙げた正義、勇気、節制、高邁（度量の大きいこと）、豪儀、気前のよいこと、思慮分別、知恵など。身体の徳（優秀さ）としては、健康、立派さなど。これらは心と身体に関する内的な善いものです。

外的な善いものとしては、富、友人、名誉、名声など。

さらに、言論の能力と行動の能力、恵まれた素質、記憶力、理解のよさ、頭の鋭さなど。これらは、心の徳の代表的な種類として挙げられるものではありませんが、やはり心の徳に含まれるといえるでしょう。すべての知識と技術というのも同様です。また生きることもそれ自体だけで選ばれる善いものだといわれます。そして、国家公共にとって利益あるものとしての正しさ。これらもすべて幸福の部分をなすということができます。

また幸福のうちには「安定性のある最も快い生活」ということが含まれており、快楽が重要な要素となっています。どんな快楽でも善いということではありませんが、幸福につながる快楽は善いもののなかで大きな部分を占めています。快楽とは「心の一種の運動（活動）であって、その本来の自然な状態の回復であり、その回復は一気に全体に及び感覚的にとらえられるものである」（『弁論術』一三六九b三三）といわれます。その反対が苦痛です。したがって、自然本性に適した活動や、自然なありかたとどこか似ている習慣や、強制的でなく自然本性に逆らわない行為は、快いもの（＝快楽をもたらすもの）です（同上一三六二b八）。

幸福の達成に役立つような、利益のあるもの、善いものがすべて数えあげられたわけではもちろんありません。すべてをこまかく数えようとすればおそらく限りがないでしょう。いずれにしても、精神的、身体的、および外的な三種類の善いものに含まれるようなものはすべて利益のある善いものなのです。そしてまたそれらと反対のものがすべて損害となるもの、悪いものなのです。

より大きい善いもの、つまりより多い利益のあるもの

ところでそれぞれの行為に関して、善いもの、つまり利益のあるものも、反対に悪いもの、つまり損害のあるものも、一つとはかぎりません。いくつもありうるのです。しかも善いものをすべて選ぶことはできないとか、悪いものをすべて避けることはできないとかいう場合が、しばしばあります。そういう場合、善いもののなかではより

善いものを選び、悪いもののなかではより悪いものを避けるほかありません。しかもより善いもの、あるいはより悪いものはどれなのかということについては、人々は互いに異論を唱えがちです。

そこで利害・善悪に関して、「より大きい」と「より小さい」、または「より多い」と「より少ない」ということを論じるための論拠が必要となるのです。

一般に、なんであれ、「大きい」（多い）のは平均的な大きさを超えているもののことであり、「小さい」（少ない）のはそれより小さいもののことです。

ものごとの善さに関する相対的な大小あるいは多少を比較するための論拠はひととおりではありません。アリストテレスは実にたくさんの論拠を列挙しています（『弁論術』一巻七章）。ここではそれらをできるだけいくつかのグループにまとめて主な論拠を取り上げることにします。これは「事柄の〔重要性の〕大小」に関する論拠で、どの種類の弁論にも「共通な事項」に属します。ここではそれが利害・善悪について取り扱われているのです。

何らかの量に関してより大きい善いもの

(1)善いものの数が、より少ないものと比べて、より多いもの。その場合、より少ないほうの善いものはすべて、より多いほうの善いもののうちに含まれているという条件が必要です。たとえば、正義と健康という二つの善いものと比べて、正義と健康と富という三つの善いものはより善いものです。しかし精神的な善は身体的な善や外的な善と比べて（量的にというのとは別の意味で）より善いものであるというエンドクサがあるとするとどうなるでしょうか。健康と富の二つは、正義ひとつと比べて善いものの数では多いにもかかわらず、より善いということにはなりません。だからさきの条件が必要なのです。

(2)豊富な善いものと比べて稀少な善いもの。たとえば、金《きん》は鉄と比べてより善いとされます。金は入手がより困難なので、それを持っていることにより大きな善さがあるからです。

(3)稀少な善いものと比べて豊富な善いもの。使用する機会がより多いからです。(2)と(3)にみられるように、見方を変えると、反対のことが主張できるのです。

(4)より短時間しか続かない善いものと比べて、より長続きする善いもの。長いあいだ使用できるからです。

(5)すべての人々が与《あず》かっているもの。それに与からないのは不名誉につながるほどだというわけです。

(6)誰一人として与かっていないもの、または少数の人々だけが与かっているもの。それほど稀少なものだということです。

(5)と(6)も、互いに反対のことを主張する論拠になります。

(7)多数の善いもののために、より役に立つものはそうでないものに比べて。たとえば、生きることにも、よく生きることにも、快楽にも、立派な行為をすることにも役立つものは、もっと少しのことにしか役立たないものと比べてより善いものなのです。

何らかの質に関してより大きい善いもの

(1)それ自体としてより望ましいもの（それ自体としてそうでないものと比べて）。たとえば、体力は健康によいものと比べてより善いものです。体力はそれ自体のゆえに望ましいものであるのに対して、健康によいものはそれ自体のゆえに望ましいものではないからです。

(2)他のものをあまり必要としない、より自足的なもの（他のものをさらに必要とする、より自足的でないものと比べて）。

(3)より困難なもの（より容易なものと比べて）。それはより稀だからです。

(4)より容易なもの（より困難なものと比べて）。それはわれわれの意のままになるからです。
(3)と(4)も、互いに反対のことを主張する論拠となります。
(5)より善い人々に属するもの。たとえば徳である勇気は体力と比べて。
(6)より快いもの、つまりより苦痛の少ない、より長続きする快いもの。
(7)〔道徳的に、または身体的に〕より美しい（立派な）もの。
(8)よりいっそう賞賛されるもの。それはより美しい（立派な）ものだからです。
(9)与えられる名誉がより大きいもの。
(10)より確実なもの。望むときに使用できるという点でより勝っているからです。
(11)可能なもの（不可能なものと比べて）。たとえば、不死よりも長生きのほうがより善いということです。
(12)単にそう思われることよりも事実そうであることのほうを人々が望むもの。たとえば、正義よりも健康のほうがより善いと主張されるような場合です。
(13)より苦痛が少なく、しかも快楽を伴うもの。
(14)より大切にされているもの。たとえば、片眼の人の目は両眼の人の片眼と比べて大切にされているものであり、より善いものだということです。

原因と結果、または目的と手段に関してより大きい善いもの

(1)より大きい善いものを作り出す原因。

(2)それを作り出す原因がより大きい善であるもの、つまりより大きい善い原因によって作り出されるもの。

(3)目的であるもの（目的でないものと比べて）。たとえば、体育よりも身体の健全さのほうが、より善いということです。

(4)始原《はじまり》や原因であるもの（始原や原因でないものと比べて）。なぜなら始原や原因がなければ、何ものも存在したり生じたりすることは不可能だからです。たとえば、善い計画の立案（始原・原因）と実行（目的《おわり》・結果）とでは、立案がなければ実行もないのだから、立案のほうがより大きい善いものであるということです。

(5)始原ではないが目的（結果）であるもの（始原と比べて）。たとえば、同じ例で、計画の実行があってこそ、立案の目的が達成されるのだから、実行のほうがより大きい善いものであるということです。

(4)と(5)も、互いに反対のことを主張する論拠となります。

(6)目的により近いもの（目的からより遠いものと比べて）。

(7)人生の目的に直接かかわりのあるもの（間接的にかかわりのあるものと比べて）。た

とえば倫理的知識は人生の目的である幸福に直接かかわりがあるとしても、字を書くことは間接的にしかかかわりがありません。

選ぶ人との関連でより大きい善いもの

(1)思慮分別のある人々がより大きい善いものと判断するもの。
(2)より善い人が選ぶもの。
(3)すべての人々が選ぶもの（すべての人々が選ぶわけではないものと比べて）。
(4)より多数の人々が選ぶもの（より少数の人々が選ぶものと比べて）。
(5)特定の個人にとって実際に有用なもの（一般に理論上有用なものと比べて）。たとえば、病人にとっては、その病気の治癒という部分的な健康が完全な健康よりも大きい善いものなのだ、というようなことです。

2　正・不正に関する固有トポス

「不正行為」とは

法廷弁論は行為の正と不正に関して相手側を告発し自分側を弁護するものです。法廷弁論のロゴスによる説得立証においては、問題の行為の正・不正を論証しなければなりません。しかし、訴訟は他人が不正を働いたこと、あるいは自分が不正を蒙ったことを告発するところからはじまります。それだから、不正行為の概念や命題が、法廷弁論に役立つ固有トポスの内容として第一に重要なものとなります。それとともに不正行為の動機や、不正を働く人の心理状態や、不正を蒙る人の性質や状態についても心得ておく必要があります。

「不正行為をする」とは、「法に反して意図的に誰かに損害を与える」(『弁論術』一三六八b六)ことであると定義されます。

「法」の中身

ここで「法」といわれているものには「固有(特殊的)な法」と「共通(普遍的)な法」とが含まれます(『弁論術』一三六八b七、一三七三b四)。「固有な法」というのは、「それぞれの国家社会の人々によって自分たちの生活のために定められた法」(同上一三七三b五)です。これには「書かれた法」(実定法)と「書かれていない法」(i慣習法、またはii書かれた法を超えた正しさとしての「公正」(同上一三七四a二六))とがあります。「共通な法」というのは「すべての人々のもとで同意が得られると思われる法」（同上一三六八b九）、つまり「自然法」（同上一三七三b六）のことです。これも「書かれていない法」です。こうした「法」に反する行為が不正行為なのです。

- 法
  - 固有な法
    - 書かれたもの（実定法）
    - 書かれていないもの
      - 慣習法
      - 公正《エピエイケイア》
  - 共通な、書かれていない法（自然法）

意図的行為とは

また「意図的におこなう」というのは、「知っていて（気づいていて）、強制されることなく（自由に）おこなう」（『弁論術』一三六八b一〇）ということです。

「知っていて」というのは、行為をとりまく個別の状況についてです。行為をとりまく個別の状況といったのは、(1)誰が（行為者）、(2)「何を」（なされる行為）、(3)何（誰）にかかわって（対象）、(4)何を用いて（道具）、(5)何のために（目的関連）、(6)どのようにして（仕方、態度）などのことです（『ニコマコス倫理学』一一一〇b三三以下）。(7)いつ（時）、(8)どこで（場所）ということも加えることができるでしょう。いわゆる5W1Hのたぐいのことです。これらのことを知っていておこなわれるのが意図的行為なのです。

　これらのいずれかを知らずに間違ってなされた行為は意図的行為ではありません。たとえば過失による行為はすべてそうです。しかも「運」（偶然）や「必然」（「強制力（暴力）」または「自然本性」）による行為のように、「自分の力によらない」行為は意図的行為ではありません。意図的行為というのは、「習慣」による行為や「欲求」による行為のように、「自分の力による」行為のことです。

「習慣」による行為というのは、これまでしばしばおこなってきたがゆえに人々がおこなう行為のことです。

　ところで「欲求」には「理性的欲求」（考量を伴う欲求）と「無理性的欲求」（考量を伴わない欲求）とが区別されます（『弁論術』一三六九a一以下）。「理性的欲求」というのは、「願望」（意志）とも呼ばれ、「善いものへの欲求」にほかなりません。善いものだと思わなければ誰もそれを願望しないからです。また「無理性的欲求」というのは、「激昂《テューモス》」（怒り《オルゲー》）あるいは「欲望」による欲求、つまり感情的欲求のことです。いずれの欲求による行為も、その行為をとりまく個別の状況を知っていてなされるかぎり、意図的な行為なのです。

「意図的」ということの以上のような意味で、不正行為とは法に反して意図的に国家社会あるいは個人に対して損害を与える行為のことであります。

「正しい行為」とは

それでは正しい行為というのは、どのような行為だといえばよいのでしょうか。

アリストテレスは、「正義」（正しいこと）とは何かということについて、『ニコマコス倫理学』第五巻で詳細に研究しています。そのなかで、「正義」というのは、一般的な意味では、「徳全体」（一一三〇a九）が「他人に対して」（同上a一三）働いているときのことであると規定されます。

そしてつぎに「徳の部分としての正義」（同上a一四）、つまり特殊的な意味での正義が分析されます。そのなかで、アリストテレス倫理学の研究者のあいだでは有名な、「配分的正義」、「矯正的正義」、さらには「交換的（応報的）正義」のことが論じられているのです。

簡単にいえば、配分的正義というのは、配分がそれぞれの人の価値や能力に応じてなされることです。また矯正的正義というのは、人と人とのあいだに生じた利害得失に関する不平等を矯正して平等にすることです。さらに交換的正義というのは、人と人とのあいだで交換するものは互いに等価なものであることです。これらの特殊的な正義について詳しく説明している余裕はありませんので、ここでは一般的な意味での正義について語られているつぎの箇所を引用するにとどめます。

「法に反する人は不正な人であり、法に適《かな》う人は正しい人である。それゆえ明らかに、法にかなった行為はすべてある意味で〔一般的な意味で〕正しい行為である。というのも、立法の定めるところによる行為が法に適う行為であり、そのいずれをもわれわれは正しい行為であると言うからである」（同上一一二九b一一）。

不正行為を選択する原因＝悪徳と無抑制

不正行為を選択する原因は、「悪徳」と「無抑制」（抑制力のないこと）（『弁論術』一三六八b一四）です。

悪徳の人、たとえば、けちな人は金銭に関して、放埒《ほうらつ》な人は身体の快楽に関して、柔弱な人は安楽なことに関して、臆病な人は危難に関して、名誉に執着する人は名誉のために、激しやすい人は怒りによって、勝利に執心する人は勝利のために、容赦のない人は復讐のために、無思慮な人は正と不正についての思い違いによって、恥知らずの人は評判の無視によって、それぞれ不正行為をするのです。

また抑制力のない人は、それが悪であると知りながら、欲望に駆りたてられ、その知を現実に働かすことができず、理性に反して悪をおこなう、つまり不正行為をするのです。「欲望」とは「快いもの（快楽をもたらすもの）に対する欲求」（同上一三七〇a一七）のことです。

不正行為をする人の心理状態

人が不正行為をおこなうのは、つぎのように思っている場合であるといわれます（『弁論術』一巻一二章）。

まずその行為が実行可能なものであり、しかも自分自身にとっても可能であると思っていることが前提条件です。これは不正行為にかぎらず、あらゆる行為についていえることです。そのうえで、

(1)それをおこなっても発覚しないだろうと思う場合、あるいは、
(2)発覚するとしても、罰を受けないだろうと思う場合、あるいは、
(3)罰を受けても、その罰は自分や自分が目を掛けている人たちが手にする利得より小さいと思う場合

において、人は不正行為をおこなうのだということです。

不正行為の相手となる人々

不正行為はどのような人たちに対しておこなわれるのでしょうか。不正行為をおこないやすい相手や、不正行為をおこなっても告訴されたり報復されたりする心配のない相手や、不正な目にあっても当然とみなされるような相手に対してではないでしょうか。

アリストテレスの列挙しているのはつぎのような人々です（『弁論術』一巻一二章）。

(1)自分が欠乏しているものを持っている相手。
(2)他人を信じやすい人。
(3)告訴するだけの気配りをしない無頓着な人。
(4)利得をめぐって争う性質の人でないはにかみ屋。
(5)多くの人々から不正な目にあいながら、訴えたことのない人。
(6)不正な目にあうことに対して無警戒な人。
(7)他人から中傷されていたり、中傷されやすいので、進んで告訴しようとしない人。
(8)お前たちの一門のほうがわれわれ一門に対して悪いことをしたとか、悪いことをしようと企てたとかいう、口実を設けることのできる相手。
(9)不正を加えるのが快いものとなる敵。

⑽不正を加えるのが容易な友人。

⑾友人（味方）のいない人。

⑿弁護や行動が上手でない者。

⒀裁判沙汰で時間を費やすのが利益にならないような人。

⒁これまで多くの不正を働いてきた人、あるいは自分が現に蒙っているのと同じ不正を働いたことのある人。

⒂悪いことをしてきた人、または悪いことをしようとしている人。

⒃その者に不正を加えることが、自分の生活の支えになっている人たちを喜ばせることになるような相手。

⒄不正を加えても情状酌量を得ることができる相手。

⒅これまで不満を抱いてきた相手や以前に仲違いをしたことのある相手。

⒆自分でなくても、他人が不正を加えようとしている人。

⒇多くの正しいことをなすためには、ある程度の、容易に癒やされうる不正を加えるのはやむをえないといった相手。

不正行為の大小

利害・善悪に関する場合と同じように、不正行為に関しても、その相対的な大小を論じるためのトポスが必要です。それは『弁論術』一巻一四章で取り扱われています。そこでは不正行為の大小を判断するための基準として、二種類の命題が挙げられています。

一つは主体的なもので、不正行為の内的な動機（原因）にかかわる命題です。もう一つは客観的なもので、不正行為のもたらす損害にかかわる命題です。

その動機に関して、より大きい不正行為

不正行為がより大きいといえるのは、主体的には、その内的な動機となっている不正（一種の悪徳）がより大きいとみなされる場合です。したがって、つぎのような不正行為はより大きいといわれます。

(1)偽証するという行為。偽証というのは、不正行為が処罰されるまさにその場所である法廷において犯される不正行為です。それにかかわる不正は、他の場所での不正行為にかかわる不正と比べてより大きいとみなすことができます。

(2)加害者が何にもまして恥ずかしいと思う不正行為。加害者自身が自分の不正につ

いて何よりも恥ずかしいと思っているのです。それは他の不正と比べて、より大きいとみなされるでしょう。

(3)よくしてもらった人に対する不正行為。人に悪いことをしているうえに、お返しすべき善いことをしていないのです。よくしてもらったことのない人に対する不正行為と比べると、内的な動機となっている不正はより大きいとみなされます。

(4)不文法に対する不正行為。強制的な成文法に反する行為と比べて、強制的でない不文法に反する行為はより不正な人に似つかわしい。法の網の目をくぐって悪事を働く者は、より不正な人だというのも、この考えにつながります。

(5)成文法に反する不正行為。恐ろしい結果を伴う不正行為や、処罰を伴う不正行為を敢えてするほどの不正な人は、処罰を伴わない不正行為もなおさらするだろうからです。この項と前の項とは互いに反対のことを主張する論拠となります。

その損害に関して、より大きい不正行為

また不正行為がより大きいといえるのは、客観的には、その行為がもたらす損害がより大きいとみなされる場合です。したがって、つぎのような不正行為はより大きいといわれます。

(1)それと同等な罰がなく、どれもみな軽すぎるというような不正行為。もたらされた損害がそれほど大きいということです。

(2)埋め合わせのしようがない不正行為。償うことが困難で不可能でさえあるほど、損害が大きいということです。

(3)被害者が損害の大きさのあまり自分で自分をひどく懲罰するほどの不正行為。たとえば、辱めを受けた被害者があまりのことに自分の命を絶つというような場合のことです。

(4)それをしたのはその者だけであるとか、その者が最初であるとか、その者が少数の者と一緒にであるとかいうような、ユニークな不正行為。このようなユニークさはその不正行為の大きさを主張する論拠となるということです。

(5)幾度も同じ過ちを犯すという行為。繰り返される不正行為は、その原因が行為者自身の内にあるということを示しているともみなされます。

(6)それのために防止策や処罰法が求められ、案出されたというような不正行為。

(7)より非人間的な不正行為。

(8)計画的な不正行為。

(9)それを聞いた人々が憐れむよりもむしろ恐れを抱くほどの不正行為。

3　美醜（徳・悪徳）に関する固有トポス

美しいもの（徳）と醜いもの（悪徳）

演示弁論は、冠婚葬祭の折などの集会で観衆に向かっておこなわれる弁論です。それは話題の人物やその行為の美しい（徳のある）ことを賞賛し、醜い（悪徳のある）ことを非難するものです。

演示弁論のロゴスによる説得立証においては、当の人物やその行為の美醜（徳・悪徳）を論証しなければなりません。したがって美醜の概念や命題が、演示弁論に役立つ固有トポスの内容となります。

「美しいもの」とは「それ自体のゆえに選ばれるものであって賞賛に値するもの、または善いものであって善いがゆえに快いもの」（『弁論術』一三六六a三三）のことだといわれます。

「徳」は美しいものだということになります。徳は「善いものであり、しかも賞賛に値するもの」（同上一三六六a三六）だからです。徳は美しいものの代表として取り上げられるわけです。その反対に悪徳は醜いものだということになるでしょう。

ところで徳とは、一般の見解では「善いものどもをもたらし、それらを保持する習性的能力であり、また数多くの大きい善いことを、しかもあらゆる場合にあらゆる善いことをする習性的能力」（同上一三六六a三六）のことだといわれます。

そのような徳の諸部分（構成要素）として、いくつか重要なものが取り上げられ、説明されています。正義、勇気、節制、気前がよい、高邁（度量が大きい）、豪儀、思慮分別などです。またそれらと反対のものはそれぞれ悪徳であることになります。

正義《ディカイオシュネー》とは、各人が自分の属する利益を、しかも法の命ずる仕方で獲得する原因（動機）である徳のことです。その反対に、不正《アディキアー》とは、他人の取り分を法の命に反して取り入れる原因である悪徳のことです。

勇気《アンドレイアー》とは、人々が危難に際して法の命じる仕方で立派な行動をとり、法に服従する原因である徳のことです。臆病《ディリアー》はその反対です。

節制《ソープロシュネー》とは、人々が身体の快楽に対して法の命じるとおりの態度をとる原因である徳のことです。その反対が放埒《アコラシアー》です。

気前がよい《エレウテリオテース》とは、金銭に関して他人によくしてやることのできる徳であり、けち《アネレ》（さもしい）《ウテリアー》はその反対の悪徳です。

高邁《メガロプシューキアー》（度量が大きい）とは、大きな恩恵を施すことのできる徳であり、卑屈《ミクロプシ》（度量が小さい《ユーキアー》）とはその反対です。

豪儀《メガロプレペイア》とは、消費面で大きなことをすることのできる徳であり、卑小《ミクロプレペイア》（細かい）とはその反対です。

思慮分別《プロネーシス》とは、思考の徳（優秀さ）であって、この徳によって、人々はもろもろの善悪について幸福のためによく思案することができるのです。その反対が無思慮だということになるでしょう。

徳や悪徳は人間における美醜の代表です。したがって他の美醜も徳や悪徳との関連によって規定されます。だから「徳を作り出す（もたらす）もの」（同上一三六六b二五）や「徳から生じる（結果する）もの」（同上b二六）もまた「美しいもの」ということになります。反対に、悪徳を作り出したり、悪徳から生じるものは醜いものであるわけです。

演示弁論のロゴス的な説得立証は、美と醜、徳と悪徳に関する概念や命題に基づいて、他人のエートス（品性・人柄）や行為の美醜を論証するものです。それによって当の人物が賞賛または非難に値すると聴衆に思われるようにするのです。

賞賛・非難の方法

じっさいに人を賞賛したり非難したりするときに用いられる方法として、アリストテレスはつぎのようなものを挙げています（『弁論術』一三六七a三三以下）。

⑴当人が現にもっている性質に関連した性質に着目。

その人が現にもっている性質とそれに近い性質を同じであるとみなして、賞賛または非難するのです。たとえば、慎重な人を冷たい策謀家として非難したり、単なるお人良しを正直者として、あるいは怒りに無感覚な人を穏やかな人として賞賛したりすることです。また賞賛するときにはいつも、相伴っている諸性質のなかから、できるだけ善いものを取り上げるということです。たとえば、怒りっぽい人や激しやすい人を一本気の人だと言い、傲慢な人を気位が高く、堂々としている人だと言うようにです。あるいはまた、度が過ぎる人についても徳をそなえている人として賞賛するということがあります。たとえば、無謀な人を勇気のある人だと言ったり、浪費家を気前のよい人だと言ったりするようにです。

⑵聴衆が賞賛するもの（性質や行為）に着目。

聴衆としては、それぞれの場合に種々のグループの人々が集まります。そこで人を賞賛するときには、それぞれの聴衆の間で尊重されているものが当人のもとにあるのだと言うことです。さらに、その尊重されているものは、一般的に、美しい立派なものだというところまで言うわけです。非難するときはその逆ということになるでしょう。

(3)その人にふさわしい行為に着目。

たとえば、その行為が当人の先祖や当人のそれまでの業績に値する場合です。それはさらに名誉を重ねることになって、美しい立派なことだからです。

(4)熟慮のうえの選択による行為であることとの強調。

熟慮のうえの選択によって行為するというのは有徳な人の特徴なので、人を賞賛するに当たってはその点を強調するということです。たとえ偶然そうしたとか運よくそうしたとかいう場合でも、熟慮のうえの選択による行為だと解釈するということも含まれます。

美醜の増幅（増大）法

アリストテレス（『弁論術』一三六八a一〇以下）によると、たとえばつぎのような場合、人々やその行為の美醜を増幅させることができます。

(1)それを為し遂げたのは、当人だけであるとか、当人が最初であるとか、当人を含む少数の者であるとか、とりわけ当人であるとかいう場合。

(2)その行為が時宜に適《かな》っている場合、特にその行為が予期されない仕方でなされた場合。たとえば、ソクラテスは、生命の危険も顧みないで、ときの寡頭独裁政権であった三十人会の命令に従わなかったという行為(この政権は間もなく崩壊した)。

(3)幾度も同じことを首尾よく為し遂げたという場合(その行為は運によるのではなく、当人自身の力によると思われる)。

(4)その行為を奨励し、これを顕彰することが当人のゆえに発案され、定着するに至ったという場合(逆に、その行為を防止し、その行為に対して罰則が定められるに至ったのは、当人がきっかけであるという場合)。

(5)他の人々と比較してそれを超えている場合、つまり著名な立派な人々よりも、あるいは多くの人々よりも、優れている場合(逆に、劣悪な人々よりも、あるいは多くの人々よりも、劣っている場合)。

いずれの場合も、行為者または為された行為の美醜は、そうでない場合と比べて、より大きいものであると思われます。したがって、その点を述べることによって、美醜を増幅することができるわけです。

増幅法は、すべての種類の弁論に共通な事項のうち「より大・より小」にかかわる論法です。アリストテレスはこれをとりわけ演示弁論に最適の論法とみなします。演示弁論ではたいてい周知の事実と認められている行為が取り上げられます。したがって、残っている仕事はその行為に大きさと美しさをまとわせることだけだからです。

第四章　エートスまたはパトスによる説得立証に役立つ固有トポス

I　エートス（品性・人柄）による説得立証の固有トポス

聴き手が信頼する語り手の条件

ところで何かある事柄や行為の利害・善悪、正・不正、美醜（徳・悪徳）について説明を受けたとしても、聴き手がそのとおり信じるとはかぎりません。語り手のエートス（品性・人柄）を受け入れ、語り手を信頼できる人物とみなさなければ、信じることもできないからです。

聴き手はどのような語り手を信頼するのでしょうか。アリストテレス（『弁論術』二巻一章）によると、それは「思慮分別《フロネーシス》」（行為〔実践〕知）があり、「徳」をそなえ、聴き手に対して「好意《エウノイア》」をもっていると思われるような語り手なのです。思慮分別のない人は正しい見解をもてないと思われるでしょう。また正しい見解をもっていたとしても、エートスの劣った徳のない人はそれを語りはしないと思われるでしょう。さらに思慮分別もあり有徳の人であっても、好意をもっていないなら、最善のことを知っていながら助言しないこともありうるわけです。

思慮分別もあり徳もそなえていると思われる語り手は、まず「エートスや徳について考察できる者」(同上一三五六a二二)でなければなりません。そして徳や悪徳、美醜について論じるなら、そのことが語り手のエートスを明らかにすることにもなります。人の徳や立派さを賞賛し、悪徳や劣悪さを非難することによって、語り手は自分のエートスをも明らかにするわけです。それは聴き手に信頼に値すると思わせる効果をもつといえるでしょう。

また語り手は聴き手に対して好意をもっていると思われるのでなければなりません。好意の本体は自分のためにではなく相手のために善いことを願うというところにあります。そのように見える語り手を聴き手は自分たちに好意をもつ人物と認めるわけです。

エートス的な徳とは

アリストテレス(『ニコマコス倫理学』一巻一三章)は、人の心というものをロゴスをもつ理性的な部分と、ロゴスのない無理性的な部分とに区別します。さらに無理性的な部分を、ロゴスに与《あず》かる欲求的部分と、ロゴスに与かることのない生物(植物)

的部分とに区別します。ロゴスに与かるというのは、ロゴスのいうところを聞き入れて従うことです。

そして理性的部分に属する徳(優秀さ)は知性的な徳と呼ばれ、知恵(理論知)や聡明や思慮分別(行為知)などがこれにあたります。

他方、欲求的部分に属する徳はエートス的(倫理的)な徳と呼ばれ、気前のよさや節制や穏和などがこれにあたります。エートス的な徳というのは、言い換えるとエートスのうえでの優秀さのことなのです。

エートスというのは、ロゴスの指図のもとでロゴスに従うことができるという心の性質のことです(『エウデモス倫理学』二巻二章)。「エートス」という言葉は「エトス」(習慣)に由来することを含意するともいわれます(同上)。ロゴスに従うといっても、それは普段の訓練によって習慣づけられていないとうまくいかないのです。そういうわけで、エートス的な徳、つまりエートスのうえでの優秀さは習慣(エトス)に基づいて生じるといわれるのです(『ニコマコス倫理学』一一〇三a一七)。

エートス的な徳と感情と行為

ところでそのエートス的な徳ということですが、アリストテレスによると、それは感情《パトス》と行為にかかわります（『ニコマコス倫理学』二巻六章）。

われわれには感情をもつ能力があります。その能力の働きによってさまざまな感情をもつことができるのです。「感情」というのは、「欲望、怒り、恐れ、大胆、妬み、喜び、友愛、憎しみ、憧れ、競争心、憐れみなどのことで、総じて、快楽または苦痛を伴うもの」（同上一一〇五b二一）のことです。

ところでもろもろの感情は、人によって、過剰であったり、不足であったり、中間であったりします。過剰や不足はいずれもよくないものです。その際、感情を中間にもつように能力を働かせる習性がエートス的な徳なのです。反対に、感情を過大にまたは過少にもつように能力を働かせる習性がエートス的な悪徳だということになります。

たとえば、怒るべきでないのに怒る（過剰）とか、怒るべきであるのに怒らない（不足）とか、恐れるべきでないのに恐れる（過剰）とか、恐れるべきであるのに恐れない（不足）とかいうのはよくないということです。それに対して、「然《しか》るべきときに、然るべきことで、然るべき人に対して、然るべき目的のために、然るべき仕方で、それぞれの感情をもつのは、中間にして最善のことであり、このことこそまさに徳（エートス的な徳）に属することである」（同上一一〇六b二一）といわれます。「（エートス的な）徳はひとつの中庸であり、中間のものを目標としているのである」（同上b二七）ということなのです。

もろもろの行為に関しても同様に過剰と不足と中間があります。たとえば、勇気ある行為を中間とすると、無謀な行為は過剰にあたり、臆病な行為は不足にあたります。節制と放埒《ほうらつ》と無欲鈍感、気前のよいのと浪費とけちなどにも、それぞれ中間と過剰と不足といった関係がみとめられます（同上二巻六章、七章）。

エートス的な「徳」の定義

ついでにアリストテレスの『ニコマコス倫理学』で述べられているエートス的な徳の定義を挙げておきます。

「徳とは選択にかかわる習性である。その習性はわれわれに対する中庸において成立し、われわれに対する中庸とは思慮分別ある者が基準とするであろうようなロゴスによって規定されるものである」（一一〇六b三六）というものです。

「選択」というのは「思案のうえの欲求」のことです（同上一一一三a一〇、一一三九a二三）。欲求には「願望」（意志）といわれる理性的な欲求も、「激昂」（怒り）や「欲望」といわれる感情的な欲求もあります。こういった欲求が原因（動機）となって、われわれは行為するのです。そして欲求が思案に基づいている場合に、その欲求は選択と呼ばれるのです。

エートス的な徳とは、要するに、感情と行為に関してロゴスに従って中庸を選択するという習性——心のもちかた——のことです。反対に過剰または不足を選択するという習性が悪徳だということになるでしょう。

もっとも「すべての行為、すべての感情が中庸を受け入れるわけではない」（同上一一〇七a八）のです。たとえば「他人の不幸に対する喜び」「無恥」「妬み」といった感情や「姦通」「盗み」「殺人」といった行為は、それ自体が劣悪なのです。その過剰または不足がよくないというのではありません。

種々の聴き手のエートスに応じた説得立証が必要

ところで、ある種の聴き手にとって受け入れられ、信じられる弁論が、別種の聴き手にとってもそうであるとはかぎりません。「人は皆、自分自身のエートスに合わせて語られ、自身のエートスに似通った弁論を受け入れるものだから」（『弁論術』一三九〇a二五）です。したがって、エートスによる説得立証をおこなうためには、聴き手のエートスがどのようなものであるかを心得ていなければなりません。

同じことを説得するにしても、聴き手のエートスがすぐれている場合とそうでない場合とでは、異なった論の進めかたが必要です。どんなエートスの人を相手にしても、いつも同じ言論を展開するというのでは、相手の心を動かすことはできないのです。エートスによる説得立証をおこなうためには、語り手は聴き手の感情のもちかたをみて、そのエートスのほどを知らないといけないということになるでしょう。その人々の感情《パトス》、人々のエートスがどのようなものであるかは、さまざまです。徳または悪徳としての習性、青年・壮年・老年といった年齢の差異、家柄のよしあしや富の大小や権力の有無といった運、さらにはその人々の属している社会や国家などに応じてそれぞれ異なります。

聴き手のそういうエートスの違いを無視してものを言ったのでは受け入れられないことになるでしょう。まず語り手は聴き手のエートスを心得る必要があります。そのうえで、そのようなエートスをもつ人が信頼できるように論を進めなければなりません。それがエートスによる説得立証となるのです。

2　パトス（感情）による説得立証の固有トポス

感情は判断に影響を及ぼす

愛する目には「あばたもえくぼ」ということがありますが、逆に、憎む目には「えくぼもあばた」ということもあるでしょう。アリストテレスのいうように、「愛しているときと憎んでいるときとでは、また腹を立てているときと穏やかなときとでは、同じ一つのものが同じには見えず、まったく別物に見えるか、または大きく異なったものに見えるかする」（『弁論術』一三七七b三一）のです。

たとえば同じ不正でも、好意をもつ相手の不正は小さく見え、敵意をもつ相手の不正は大きく見えるものです。「感情によって、人々は気持ちが変化し、異なる判定をくだす」（同上一三七八a一九）のです。

説得に成功するかどうかは、聴き手のくだす判断に依存します。その判断を聴き手の抱く感情が左右するのです。話し手は自分の主張が聴き手に受け入れられるようにしなければなりません。それを受け入れるにふさわしい感情を聴き手が抱くようにしなければならないのです。そのための技術がレートリケーに含まれるわけです。パトスによる説得立証の方法がそれにあたります。

パトスによる説得立証が依存するトポスは、もろもろの感情に関する諸命題からなります。そこには、もろもろの感情の定義、その感情を抱く人の状態、その感情が向けられる相手、その感情を引き起こす原因（理由）に関する命題が含まれます。これらの諸命題に基づいて、話し手は聴き手の感情を誘導する方法を手に入れることになります。

アリストテレスはそのような諸命題をいくつかの感情について挙げています。怒り《オルゲー》と穏和《プラオテース》、友愛《ピリアー》と憎しみ《ミーソス》、恐れ《ポボス》と大胆さ《タルソス》、羞恥《アイスキュネー》と無恥《アナイスキュンティアー》、憐れみ《エレオス》や義憤《ネメシス》、妬《プト》み《ノス》や競争心《ゼーロス》などです。

感情に関する諸命題

つぎに、それぞれの感情について、『弁論術』に述べられている定義を、リストアップしましょう。それらの定義の基礎は、実質的にはアリストテレスのもつ経験や常識や学者としての見識です。さらに人がその感情をもつときの精神状態、その感情を引き起こす原因、その感情が向けられる相手について、どんなことが言われているのかを見ましょう。

アリストテレスの時代に心理学が一つの専門科学としてあったというわけではありません。しかし、彼自身が哲学研究の一環として心理学的研究にも従事していたことは明らかです。その研究成果を彼の『魂《プシューケー》論』などに見ることができます。『弁論術』で展開される感情論も、そのようなアリストテレス自身の知見によるものと思われます。

巻末の一覧表（付録の表参照）は、アリストテレスの記述（『弁論術』二巻二―一一章）の要点をとりまとめたものです。

たとえば、語り手が聴衆に期待しているのは、問題の行為の主に対する怒りの感情であるとします。そこで、怒りの原因は「自分自身または自分に属する何ものかに対する明らかな軽蔑、しかも不当な軽蔑」（同上一三七八a三一）であり、怒りの感情は欲求が満たされないために心が「苦痛を感じる」（同上一三七九a一一）状態のときに生じ、怒りは「自分の現在の状態を軽蔑する人々に対して」（同上一三七九a一八）向けられるのだとします。そうだとすれば、語り手は、聴衆の心を問題の行為の主に対する怒りの感情へと誘導するためにはどうすればよいのか。聴衆が苦境におかれていること、問題の行為が苦境にある聴衆に対する軽蔑であることを明らかにすればよいわけです。

これらの感情に関する一連の命題は、現代の感情心理学から見て批判されるところがあるかもしれません。もともと『弁論術』で展開されたアリストテレスの感情論は、レトリック的言論のために適切なものであればよかったわけです。学問的に十全な記述を意図したものではないのです。しかしまた、『弁論術』その他に見られるアリストテレスの感情論は、中世のトマス・アクィナス（一二二五―七四）による感情論（『神学大全』第二・一部第二二―四八問）や、近世のデカルト（一五九六―一六五〇）の『情念論』（感情論）などといった、西洋における感情理論の出発点にもなったのです。いずれにせよ、重要なことは、こういう類《たぐい》の一連の命題を心得ていなければ、聴き手にそれぞれの感情を抱かせるように話を進めることはできないだろうということです。そして、それらの命題を内容とするトポスが、パトスによる説得立証に役立つ固有トポスとなるのです。

怒り、憎しみ、恐れ、憐れみ、義憤、妬み、競争心など、相互の違い

アリストテレスはこれらの感情相互の違いをつぎのように説明しています。

怒りは自分に対する仕打ちが原因で生じ、その相手は誰か個人です。他方、憎しみまたは敵意は自分に対する行為でなくてもその原因となり、またその相手は同類の人間にも及びます。怒りは時がたつにつれて癒やされますが、憎しみは癒やされません。前者は相手の苦痛を求めますが、後者は相手の害悪になることを求めます。また怒りは苦痛を伴いますが、憎しみは苦痛を伴いません。怒っている人は、事情の変化によって相手を憐れむこともあるが、憎んでいる人は憐れむことはないともいわれています（『弁論術』二巻四章）。

憐れみに対して最も反対に置かれるのは義憤と呼ばれるものです。というのは、人の不当な不幸に苦痛を感じること（憐れみ）には、ある意味で、人の不当な好運に苦痛を感じること（義憤）が反対に置かれ、しかも同じ（すぐれた）エートスから生じる感情だからです。また妬みと義憤とは、どちらも心を乱す苦痛であり、人の好運に向けられているという点では共通です。しかし義憤はそれに値しない者の好運に向けられているのに対して、妬みは自分と同等で似ている者の好運に向けられているという点で異なります。しかしまた義憤と妬みは、あくまでも人の好運に向けられている感情です。

もし人の好運がもとで、自分には何か悪いことが起こるようになるという場合、そういう理由で、苦痛や心の乱れがあれば、それはもはや妬みでも義憤でもなく、恐れなのです。また、さきに憐れみと義憤は同じすぐれたエートスから生じるといいましたが、悪意（人の不幸を悦《よろこ》ぶこと）と妬みは同じ劣ったエートスから生じるといえるでしょう。というのは、他人に悪意をもってその人の不幸を悦ぶ者も、他人を妬んでその人の好運に苦痛を覚える者も、同じエートスの人間だからです（同上二巻九章）。

競争心は妬みとは違います。妬みは劣った人に属する感情であるのに対して、競争心はすぐれた人に属する感情です。競争心のある人は他人のもつ善いものを自分も手に入れようと心掛けます。しかし妬む人は他人が善いものをもたないように望むのです（同上二巻一一章）。

エートスまたはパトスによる説得立証は論証のかたちをとらない

エートスによる説得立証もパトスによる説得立証も、論証のかたちをとるべきものではありません。「……。ゆえに皆さんは私を信頼すべきである」とか、「……。だから諸君は怒るべきだ」というかたちをとらないということです。

「聴き手の感情を引き起こそうとするときには、説得推論を述べてはならない。説得推論は、感情を追い出してしまうか、述べられても無駄になるかするからである」（『弁論術』一四一八a一二）。

論証は聴衆の感情を引き起こすのに妨げとなります。逆に、さきに聴衆が感情にとらわれてしまっても、論証は効力を発揮できないでしょう。といっても、聴衆が何らかの感情を抱くのには、原因（理由）があるのですから、その原因がそこにあることを述べなければなりません。それによって、聴衆のなかに当の感情を引き起こすことが可能になるのです。パトスによる説得立証というのは、たとえば「私は不足を蒙ったけれども、後悔はしていない。彼には利得が残ったが、この私には正しさが残ったから」（同上一四一八a二〇）ということです。

「弁論をエートス的なものにしようとするときにも、同時に説得推論を求めてはならない。なぜなら論証はエートスをも道徳的意図（思案のうえの選択）をも具《そな》えていないからである」（同上一四一八a一五）。

論証はこれこれの前提からこれこれの結論が導き出されるというだけです。エートスや道徳的意図を伴っているのは行為なのです。そのような行為を述べることによってエートスを明らかにすることが、エートスによる説得立証なのです。

たとえば「それで私も金銭を与えた。それも〝簡単に人を信じてはならない〟ということを知っていながら」（同上一四一八a一八）というようなことです。「そのことで私が利を得るところはなかったとしても、そのことのほうがより優れているのだ」（同上一四一七a二六）というようなこともそうです。

第五章　さまざまな共通トポス

I　説得推論の共通トポス

共通トポスとは

共通トポスとは、説得推論の一般型が見出される場所のことであるといえます。そこには当の一般型が内蔵されているのです。説得推論はその一般型に即したものと考えられます。アリストテレス（『弁論術』二巻二三章）によって、二八個の共通トポスが掲げられていますが、それに尽きるというわけではありません。共通トポスというのはそういう類《たぐい》のものだと受け取ればよいでしょう。ここではそのなかから、いくつかを選んで説明しましょう。

以下で取り上げる各トポスに関して、

（i）は、アリストテレスによって挙げられている説得推論の実例を一つ二つ紹介したものです。

（ii）は、その実例が従っている説得推論の一般型を示したものです。

これらの一般型は、アリストテレスによって与えられている説明や説得推論の実例から一般化したものです。

A・B・C・Dなどは、主語または述語となる項で、何らかの事柄や対象を表わすものとします。「AにBが属する」というかたちの命題表現は、さきにも（本書第二章八〇ページ）触れたとおり、「AにBが述語となる」とも言い換えられ、アリストテレス論理学で定式化された表現です。最も簡単には「AはBである」といわれるものにあたります。むろんこの「である」は、AとBの同一性を意味するものではなくて、Aということについて、Bということが属性として当てはまることを意味するものです。

各トポスにおける説得推論の一般型はこれに尽きるということではありません。別の型を考えることも可能です。それらを自分で見つけ出す工夫をする必要があるということです。

反対のものどもに拠るトポス（『弁論術』一三九七a七）

（i）(a)意に反して悪いことをした者（A）に対して怒るのは正当（C）でない〔前提〕。とすれば、強制されて〔意に反して〕善いことをした者（B）に対して感謝するのは適切〔正当〕（D）ではない〔結論〕。

(b)節制（B）は善い（D）〔結論〕。なぜなら放埒《ほうらつ》（A）は有害（C）〔前提〕だからである。

（ii）AはBと反対の関係にあり、CはDと反対の関係にある場合、(a)「AにCが属さない」を前提（仮定）とすれば、「BにDは属さない」が結論とされる。また、(b)「AにCが属する」を前提とすれば、「BにDが属する」が結論とされる。

相関関係に拠るトポス（同上a一二三）

（i）諸君が徴税の権利を売ること（A）は恥ずかしいことでない（C）〔前提〕。とすれば、われわれがそれを買うこと（B）も恥ずかしいことでない（C）〔結論〕。

（ii）A〔する、売る、貸すなど〕とB〔される、買う、借りるなど〕とが相関関係にある場合、「AにCが属する」を前提とすれば、「BにもCが属する」が結論とされる。

「より多い、より少ない」に拠るトポス（同上b一二三）

（i）(a)神々（A）さえもすべてを知っている（C）のではない〔前提〕。とすれば、ましてや人間ども（B）がすべてを知る（C）なんてほとんどない〔結論〕。(b)彼（C）は父親をさえ殴る（A）〔前提〕のだから、彼（C）は隣人をも殴るだろう（B）〔結論〕。(c)子供たちを失くした君のお父さん（A）は哀れに思われる（C）〔前提〕。それなら有名な子供を失くしたオイネウス（B）だって哀れまれる（C）〔結論〕べきではないか。あるいはまた、他の専門家たち（A）が劣った者（C）でない〔前提〕とすれば、哲学者たち（B）も劣った者（C）でない〔結論〕。

(ii)(a)AにはCがより多く属し、BにはCがより少なく属する場合、「AにCが属していない」を前提とすれば、「BにCは属していない」が結論とされる。(b)CにはAがより少なく属し、Bがより多く属する場合、「CにAが属している」を前提とすれば、「CにBも属している」が結論とされる。(c)AにもBにもCが属するのはより多くもより少なくもない場合、「AにCが属している」を前提とすれば、「BにもCは属している」が結論とされ、また「AにCが属していない」を前提とすれば、「BにもCは属していない」が結論とされる。

定義に拠るトポス（同上一三九八a一五）

（i）彼（C）は身持ちがよくない（A）〔前提〕のだから、彼（C）は一人の肉体を享受することに満足できない（B）〔結論〕ということになる。

（ii）BがAの定義である場合、「CにA（またはB）が属する」を前提とすれば、「CにB（またはA）もまた属する」が結論とされる。

分割に拠るトポス（同上a三〇）

（i）人は誰でも不正を働く動機（A）は、これ（B）であるか、あれ（C）であるか、それ（D）であるかのいずれかである。その場合、当人（E）はこれ（B）やあれ（C）のゆえに不正を働いたということはありえないし、残る第三のもの（D）のゆえにということは告発者自身でさえも主張していない〔前提〕。だから、当人（E）には不正を働く動機（A）はない〔結論〕。

（ii）Aを分割すれば、Bか、Cか、Dのいずれかであるという場合、「EにはBもCもDも属さない」を前提とすれば、「EにはAは属さない」が結論とされる。

帰納に拠るトポス（同上a三二）

（i）すべての人々（M）は、知者を尊敬する（N）〔結論〕。というのはじっさいつぎのとおり〔前提〕だからである。パロスの人々（A）は、アルキロコスを毒舌家であるにもかかわらず尊敬してきた（N）し、キオスの人々（B）も、ホメロスを自国民ではないのに尊敬しており（N）、ミュティレネの人々（C）は、サッポオを女であるにもかかわらず尊敬している（N）。またラケダイモン人（D）は自分たちは学芸にまったく疎かったが、キロンを元老院議員の一人に加えた〔つまり尊敬していた〕（N）。また、イタリアのギリシア人たち（E）は、ピュタゴラスを尊敬している（N）し、ランプサコスの人々（F）は、アナクサゴラスを他国人であるのに埋葬し、今なお敬意を払っている（N）。

（ii）A、B、Cなどそれぞれが種類Mの個別例である場合、「A、B、Cなどのそれぞれに Nが属する」を前提とすれば、「種類Mのすべての個別例にNは属する」が結論とされる。

部分に拠る〔部分（種）から全部（類）へと推論する〕トポス（同上一三九九a七）

（i）どのような神殿をソクラテスは冒瀆《ぼうとく》したのか。国家が認めている神々のどれに（B、Cなどに）敬意を払わなかったというのか。否である（Dは属さない）〔前提〕。

それゆえ、いかなる神々に対しても（Aには）ソクラテスは不敬の罪を犯していない（Dは属さない）〔結論〕。

（ii）類Aの部分（種）はB、Cなどである場合、「B、CなどのいずれにもDが属さない」を前提とすれば、「AにDは属さない」が結論とされる。

ほとんどの場合、同じ事柄に何か善い結果と悪い結果が伴うものであるから、その結果に基づいて、勧奨するか制止するか、告発するか弁明するか、賞賛するか非難するかするトポス（同上a一一）

（i）(a)教育を受ける（A）べきではない〔結論〕。なぜなら、人に妬まれる（C）ことになってはならない〔前提〕から。

逆に、(b)教育を受ける（A）べきである〔結論〕。なぜなら、知恵のある者である（B）べき〔前提〕だから。

（ii）Aが善い結果Bと、悪い結果Cを伴う場合、(a)Aが悪い結果Cを伴うことを理由〔前提〕とすれば、Aは制止されるか、告発されるか、非難される〔結論〕。

逆に、(b)Aが善い結果Bを伴うことを理由〔前提〕とすれば、Aは勧奨されるか、弁明されるか、賞賛される〔結論〕。

人々が公然と賞賛する事柄と内心ひそかに賞賛する事柄は同じものではなく、公然と賞賛するのはもっぱら正しいことや立派なことであるが、内心ではむしろ利益のあるもののほうを欲するものである。それだから、これら対立する見解に基づいて、相手の言っているのとは別の結果を導くように企てるトポス。相手をパラドクスに導くのに有効なトポス（同上a三〇）

（i）アリストテレスは説得推論の例を挙げていないので、『ソフィスト的論駁』（一七二b三六―一七三a二）から例をとると、安楽な生（B）よりも立派な死（A）を、不正蓄財（B）よりも正直貧乏（A）を、と公に主張しながら、内心ではその反対を欲する〔主張する〕というようなこと。

（ii）人がBよりもAのほうを公然と賞賛するとしても、Aは正しく立派であるが利益のない事柄であるのに対して、Bは利益のある事柄であるとすれば、人はAよりもBのほうを欲するものである。このような公式発言と内心の欲望（いわば、タテマエとホンネ）のあいだの背反を前提とする結論として、相手をパラドクスに導くことができる。

比例関係に拠って結論が導かれるトポス〔同上a三五〕

（i）（子供でも）身体の大きい者（A）が成人（C）であるとみなされる〔前提〕とすれば、（成人でも）身体の小さい者（B）は子供（D）であると票決されるべきであろう〔結論〕。

あるいはまた、諸君は、傭兵をその勲功（A）のゆえに市民（C）としている〔前提〕。それなら、傭兵のなかで取り返しのつかない過ちを犯した者（B）は国外追放者（D）にすべき〔結論〕ではないか。

（ii）AがBに対する在りかたは、CがDに対する在りかたと同様であるとした場合、「AにCが属する」を前提とすれば、「BにDが属する」が結論とされる。

帰結に同じことが属するなら、その帰結をもたらす事柄にも同じことが属するということに拠るトポス〔同上b五〕

（i）神々は生まれると言うこと（B）は、神々は死ぬと言うこと（A）と同じように、不敬（D）である〔結論〕。というのは、どちらの主張によっても（AからでもBからでも）、いつか神々が存在しないときがあるという主張（C）が帰結するが、その主張（C）は不敬（D）である〔前提〕のだから。

（ⅱ）Ａからでも Ｂからでも Ｃが帰結する場合、「ＣにＤが属する」を前提とすれば、「ＡにＤが属するのと同様に、ＢにもＤが属する」が結論とされる。

論駁に適したトポスで、時や行為や発言のすべてからして何か不整合（矛盾）があるかどうか、その不整合なもろもろの点を調べることである（『弁論術』一四〇〇ａ一五）

（ⅰ）「彼は、君たちアテナイ市民を愛する（Ａ）と言っているが、しかし彼は民主制を廃止した三十人会と共謀した（Ｂ）のだ」。

あるいは「彼は私のことを訴訟好きだ（Ａ）と言い張るが、私は一度たりとも誰かを訴えたことはない（Ｂ）」。

（ⅱ）ＡとＢとが不整合である場合、いずれか一方が真実であり、他方が虚偽である。

人間でも行動でも、先入見でもって見られているか、または他人にそう思われているかするものに関して、その誤解の原因を説明するトポス（同上ａ二三）

（ⅰ）これまで自分の息子を他人に押しつけていた婦人が、その若者を激しく抱き寄せていた（Ｃ）ので、彼の情婦である（Ａ）ように思われていたが、その原因（Ｂ）〔彼の母親であること〕が説明されると、その誤解はとけた。

（ii）AでもBでもCの原因でありうる場合、Cの原因はAであると誤解されているとすれば、Cの原因はBであると説明することによって誤解はとける。

原因に基づいて結果を論じるトポス（同上a三〇）

（i）トラシュブゥロスがレオダマスを非難して、「アクロポリスに立てられた石柱には彼の悪名が刻まれていたが、民主制を廃止した三十人会の時代に削り取られたのだ」と言ったとき、彼はこれを弁明して、「削り取るなどありえない（結果Bが存在する）〔結論〕のである。というのは、民衆に対する自分の敵意が刻み込まれていた（原因Aが存在する）〔前提〕とするなら、三十人会は自分を、今まで以上に信頼することになるだろうから」と言った。〔「もともと悪名が刻み込まれはしなかった」（原因Aが存在しない）〔前提〕からこそ、「現に悪名の刻印がないのだ」（結果Bが存在しない）〔結論〕ということ。〕

（ii）「原因Aが存在する」を前提とすれば、「その結果Bは存在する」が結論される。また「原因Aが存在しない」を前提とすれば、「その結果Bも存在しない」が結論される。なぜなら、原因とその結果とは共存し、原因なしには何ものも存在しないからである。

これまでおこなわれてきた事柄と反対の事柄がおこなわれようとしている場合、その両方を一緒に調べるトポス（同上b五）

（i）エレアの人々が、女神レウコテアに犠牲を捧げ（C）、その死をいたむ歌を歌う（D）べきかどうかを尋ねたとき、クセノパネスは忠告して、「レウコテアを女神（A）とみなすのであれば、哀悼歌を歌う（D）べきではないし、人間（B）とみなすのであれば、犠牲を捧げる（C）べきではない」〔結論〕と言った。〔これまで神々（A）には犠牲を捧げてきた（C）し、人間ども（B）のためには哀悼歌を歌ってきた（D）〔前提〕のだから。〕

（ii）AはBと反対の関係にあり、CはDと反対の関係にある場合、「AにはこれまでCが属し、BにはこれまでDが属してきた」を前提とすれば、「いまもAにはDが属さないだろうし、BにはCが属さないだろう」が結論とされる。

共通トポスの一般型に即した日常的な説得推論の例

さて、共通トポスだの、説得推論の一般型だのというと、耳慣れないので難しいと思われるかもしれません。しかし、われわれは日常この種の説得推論を、その一般型には気づくこともなく口にしているのです。

たとえば、「こうなってはもはや道理はひっこまざるをえないじゃないか〔結論〕。こんな無理がまかり通っている〔前提〕のだから」〔反対のものどもに拠るトポス〕とか、「殺された人がいる〔前提〕からには、どこかに殺した奴がいるはずだ〔結論〕」〔相関関係に拠るトポス〕とか、「お前が試験に落ちるのも無理ないよ〔結論〕。あれほどできる人だって落ちた〔前提〕のだから」〔「より多い、より少ない」に拠るトポス〕というようなことです。

めいめい自分が日常何か推論をしたとき、それがどんなトポスの一般型に即したものかを考えてみてください。そのことが説得推論の方法を会得することにつながるのです。

さきに紹介したトポスのなかに見つからなければ、自分でその一般型を発見してください。たとえば、「あなたが本喚問委員会で偽証した〔前提〕なら、罪を犯したことになりますよ〔結論〕」などというのは、「種に拠る」〔種から類へと推論する〕とでも呼ばれるトポスの一般型に即した説得推論とみなすことができます。その一般型は、Aが種であり、Bがその類である場合、「CにAが属する」を前提とすれば、「Cに

Bが属する」が結論とされる

というようなことになります。この例では「偽証」が「A」（種）、「犯罪」が「B」（類）、「あなた」が「C」と見立てられていることになります。

2　見かけだけの説得推論の共通トポス

見かけだけの説得推論

説得推論は、アリストテレスによって、説得力があるとみなされているものです。それに対して、説得力がないとみなされるような、見かけだけの説得推論もあります。虚偽の説得推論です。

以下に挙げられる（『弁論術』二巻二四章）のは、そのような説得推論のための共通トポスの例です。こういう類《たぐい》のものを心得ておけば、インチキな説得推論を見破ることができるということです。

以下に取り上げる各トポスに関して、（i）は、見かけだけの説得推論の実例を、（ii）はそのような説得推論の一般型を、それぞれ示したものです。

分割されているものを結合したり、結合されているものを分割したりして論じるトポス

(『弁論術』一四〇一a二五)

(i)(a)字母(A1、A2、A3など)を彼は知っている(B)〔前提〕のだから、言葉(A)を彼は知っている(B)〔結論〕。

(b)二倍の量のもの(A)が身体に有害である(B)〔前提〕。とすれば、その量の一つ分(A1、A2など)も健康によくない(B)〔結論〕。

(ii)A全体はA1、A2、A3などに分割される場合、

(a)「A1、A2、A3などにBが属する」を前提として、「AにBが属する」を結論とする。

(b)「AにBが属する」を前提として、「A1、A2、A3などにBが属する」を結論とする。

必然性のない徴証に基づくトポス (同上b九)

(i)ディオニュシオス(C)は盗人(B)である〔結論〕。なぜなら、彼(C)は悪人(A)である〔前提〕から。〔悪人(A)であることは盗人(B)であることの徴証であ

るとしても必然性のないものである。〕

（ii）AはBの必然性のない徴証である場合、「CにAが属する」を前提として、「CにBが属する」を結論とする。

偶然付帯的なことに拠るトポス（同上b一五）

（i）二十日ねずみたちは敵軍の弓の弦を嚙み切る（A）ことによって、われわれを救った（B）〔結論〕。〔二十日ねずみたちの所為《せい》（A）で敵軍が攻撃できなくなったので、われわれは救われた（B）〔前提〕のだから。〕

アキレウスは宴席に招かれなかった（A）ので、アカイア人たちに激怒した（B）〔結論〕。〔招かれなかった（A）ので侮辱されたと思って、激怒した（B）〔前提〕のだから。〕

（ii）「AにBが偶然付帯的に属する」を前提として、「AにBは無条件に属する」を結論とする。

後件に拠るトポス（同上b二〇）

（i）彼（A）は大衆とのつき合いを避けていた（C）〔前提〕のだから、彼（A）は気位が高い（B）〔結論〕。人（A）は気位が高い（B）ならば、その人（A）は大衆とのつき合いを避ける（C）のだから。

（ii）AにBが属するならばAにCが属する場合、「AにCが属する」を前提として、「AにBが属する」を結論とする。

原因でないものを原因とすることに拠るトポス（同上b二九）

（i）デモステネスの政策（A）はあらゆる災厄（B）の原因である〔結論〕。なぜなら、その政策がおこなわれた（A）後に戦争が起こった（B）〔前提〕からである。

（ii）「Aと同時に、またはAの後に、Bが生じた」を前提として、「AはBの原因である」を結論とする。

何かが無条件に述べられもするし、また無条件にではなく限定つきで述べられもする、ということに基づくトポス（同上一四〇二a三）

（i）知りえないもの（A）は〔無条件に〕知られる（B）〔結論〕。なぜなら、知りえないもの（A）は知りえないものであると（いう限定つきで）知られている（B）〔結論〕のだから。

（ⅱ）「Aに（限定つきで）Bが属する」を前提として、「Aに（無条件に）Bが属する」を結論とする。

第六章　レートリケーとディアレクティケー

ディアレクティケーという言葉

ディアレクティケー（διαλεκτική）というのはギリシア語です。これは学術用語としては「ディアレクティケー〔形容詞〕・テクネー〔名詞〕」のテクネー（技術知）を省略した表現です。全体の字義どおりの意味は、対話または問答の技術知ということです。

このディアレクティケーという語は、西洋哲学の歴史のなかで、ディアレクティカ（dialectica）〔ラテン語〕、ディアレクティク（dialectique）〔フランス語〕、ダイアレクティク（dialectic）〔英語〕、ディアレクティク（Dialektik）〔ドイツ語〕などのかたちをとって、各国語のなかに取り入れられています。「弁証法」はこれらの語に対してもっとも多く用いられてきた日本語訳であるといえるでしょう。

日本で西洋哲学に関して「弁証法」といえば、それはとりわけヘーゲルのディアレクティクとして受け取られることが多いように思われます。さもなければ、ヘーゲルの思弁的な「逆立ち」のディアレクティクを、論法は同様のまま、唯物論的に「ひっくり返した」マルクスのディアレクティクとしてでしょう。

しかし、ディアレクティケーまたはそれにあたる各国語は、哲学の歴史のなかで、さまざまな意味を与えられてきました。

ディアレクティケーのさまざまな意味

古代ギリシアに関しては、「弁証法」といえば、プラトンのディアレクティケー、アリストテレスのディアレクティケーのほかに、ソフィストたちの争論術やエレア派のゼノンの反論術を意味することがあります。さらに、紀元前三世紀に始まる一つの学派にストア派と呼ばれる学派がありますが、そのストア派でディアレクティケーと呼ばれるものもあります。それは文法学、意味論、認識論、形式的命題論理学からなるものです。

西洋中世では、たとえば、十三世紀のペトルス・ヒスパヌス（最晩年は法王ヨハネス二十一世、一二七七没）の『論考』（Tractatus）の冒頭で、「ディアレティカ（ディアレクティカ）」（弁証法）が「論理学」とほぼ同じ意味で用いられています。この『論考』は、後に『論理学綱要』と呼ばれ、中世後期の代表的な論理学教科書となったもので、十七世紀に至るまでヨーロッパ各地の大学で広く用いられました。その「ディアレクティカ」の内容は、推論の一般型（「格率《マクシマ》（最大の前提）」と呼ばれている）からなるトポスによる論証、アリストテレス流の三段推論の理論（形式論理学）、中世における独創的な論理的意味論とみなされる「代表《スッポシティオ》」の理論などを含んでいます。

西洋近世における例としては、とりわけカントの『純粋理性批判』のなかの「超越論的（形而上学的）ディアレクティク（弁証論）」や、ヘーゲルの「ディアレクティク」（弁証法）が注目されるでしょう。

カントの「超越論的ディアレクティク」は、(1)魂は不死であるか否か、(2)世界（宇宙）は、(a)空間的・時間的に有限か無限か、(b)物質的に無限分割不可能（原子からなる）か無限分割可能か、(c)その原初の原因として自由な原因が存在するか否（すべては因果の必然による）か、(d)その原因として絶対に必然的な存在者が実在するか否か、(3)神は存在するか否か、という形而上学的な問題を取り扱います。そしてこれらの問題に関して、相反する形而上学的な主張の双方をそれぞれ論証します。そのうえで、それらの論証はいずれも、理性が誤って可能な経験的認識の範囲を超えて推論した結果であると批判するものです。こういったことが、カントの「超越論的ディアレクティク」の内容なのです。

他方、ヘーゲルの「ディアレクティク」というのは、思想または存在が定立（正）と反定立（反）との対立から総合（合）に至る過程を繰り返す独特の論理的な発展のことを意味します。その内容は全体として神から始まる壮大な形而上学的存在論です。

このように、いくつかの例を簡単にみただけでも、「ディアレクティケー」という言葉（またはそれにあたる語）は、西洋の哲学の歴史のなかで、さまざまな意味が与えられてきたことがうかがえるでしょう。

プラトンのディアレクティケーとアリストテレスのディアレクティケーは、その「ディアレクティケー」という言葉が多義的に用いられるようになる出発点となったといえるでしょう。そういうわけで、この両者についてはもう少し詳しくみることにしましょう。

プラトンの場合

最初にディアレクティケーを哲学的探究の方法として提唱したのはプラトンです。それは、長い言論（弁論）によって人々を説得する方法であったレートリケーに対して、できるだけ短いことばからなる問答（対話）によって、ものごとの「何であるか」の知識を探究する方法であったのです。それはまた、「勇気」「節制」「敬虔」

「徳」など主に倫理的な事柄について、それぞれのものが「何であるか」（定義）の知識を、相手との問答によって探究したソクラテスの営みの継承だったのです。

ソクラテスによってその「何であるか」が問われたのは、それぞれの名前で呼ばれるものそれ自体（たとえば、勇気そのもの、美そのもの、三角形そのものなど）でした。それは同じ名前で呼ばれる多くの事例（たとえば、もろもろの勇ましい行為、もろもろの美しい事物、もろもろの目に見える三角形）のことではありません。しかも、それぞれのもの自体がその多くの事例とは別の独立にある実在（存在）とみなされ、それがイデア（形相・実相）と呼ばれることによって、プラトンのイデア論が成立することになります。そのようなイデアはもはや感覚によってはとらえられません。理知のみによって知られる対象とみなされるのです。

「問答」（ディアロゴス）というのも、相手は他人にかぎられるわけではありません。プラトンにとっては、問答は自分で自分を相手におこなわれることもあるわけで、それが「思考」（ディアノイア）というものなのです（『テアイテトス』一八九E―一九〇A、『ソピステス』二六三E）。重要なのは、問いと答えの積み重ねによって、ものごとを考え、言論を進めるということです。

プラトンのディアレクティケーの方法

プラトンのディアレクティケーの方法は、彼の中期対話篇である『パイドン』（九九E―一〇一E）や『国家』六巻末の「線分の比喩」の箇所（五〇九C―五一一E）では、いわゆる「仮定」（ヒュポテシス）の方法としてあらわれます。

「仮定」の方法というのは、『パイドン』によるとつぎのような手続きからなっています。それぞれの問題にさいして、もっとも確かであると判断される言表《ロゴス》（命題）を仮定として立てたうえで、それから結論を導出していくという手続きと、仮定そのものが矛盾を引き起こさないかどうかをしらべるとともに、当の仮定をより上位の仮定から論証するという手続きです。

『国家』では、このような手続きを繰り返すことによって、無仮定な究極最高の原理（始まり・出発点）である善のイデア（実相）の認識をめざすという哲学のプランが構想されています。

さらにプラトンのディアレクティケーの方法はまた、『パイドロス』以後、『ソピステス』『政治家』『ピレボス』といった後期対話篇では、「分割と総合」の方法として展開されています。

それは、問われているものごとの「何であるか」を定義するために、「ものごとを自然本来の性格に従って、これを一つになる方向へ眺める〔総合〕とともに、また多に分かれるところまで見る〔分割〕」（『パイドロス』二六六B）という方法です。要するに、問われているものごとが正確にはどんな一つの類に含まれるのかをつきとめることが「総合」であり、またその類をより下位の類から種へと分類していくことが「分割」なのです。こういう手続きで、問われているものごとがいかなる類のいかなる種にあたるのかをつきとめ、当のものごとの「何であるか」を定義しようとするのが「分割と総合」の方法なのです。

『ソピステス』や『政治家』においては、この方法を用いて「技術」の類・種の関係を明らかにすることによって、ソフィストの術や政治術の定義が企てられています。

プラトンのディアレクティケーは、「仮定」の方法や「分割と総合」の方法によって、イデアと呼ばれる実在のひとつひとつが何であるかを定義し、それらが互いにどのような関係をもっているかを明らかにしようとするものです。そのようにして、善のイデアを究極最高の原理とする（『国家』五〇九B、五三二Bなど）存在するものの全体についての体系的な知識に到達することをめざすのです。

アリストテレスの場合

ところが、アリストテレスのいうディアレクティケーは、プラトンのディアレクティケーのような、存在するもの全体についての体系的な知識を探究するための方法ではありません。アリストテレスのディアレクティケーは、どんな事柄についても、「エンドクサ」（通念）を前提として問答（対話）的な言論を展開できるようにする方法なのです。

アリストテレスは『弁論術』のなかで、レートリケーはディアレクティケーと「対応する（同等の）もの」（一三五四a一）であり、ディアレクティケーの「一部分で、同類のもの」（一三五六a三三）であると言っております。両者はいずれも、専門的知識によらずに、誰でもが認識できるような事柄を取り扱い、それに基づいて言論を展開する能力にほかならないからです。

アリストテレスの『トピカ』はディアレクティケーに関する研究書です。その冒頭で、ディアレクティケーは「提起されたどんな問題についても、エンドクサに基づいて推論することができるようにする方法」（一〇〇a一八）として語られています。それはまた相手の主張を攻略・論駁し、自分の主張を防御・確立する方法でもあるのです。

「エンドクサ」（通念）とは「すべての人々、または大多数の人々、または知恵（知識)のある人々によってそうだと思われていること」(『トピカ』一〇〇b二一)なのです。「通念」は人々が共有しているドクサ（思いなし、意見）にほかなりません。「常識」と言い換えてもよいでしょう。

アリストテレスによると、知識は真理認識ですから真なるものでなければなりませんが、ドクサには真なるものも偽なるものもあるとされます（『分析論後書』一〇〇b五）。それゆえエンドクサにも、真なるものと偽なるものがあるといえるでしょう。また真なるエンドクサのなかには、それぞれの学術の専門家の得た知識が世間に広まって人々に受け入れられるようになったものもあるでしょう。しかしそれは当の専門家にとっては知識として得られたものであっても、その他の一般の人々にとってはそうではないのです。一般の人々は、専門家を信頼して、それを受け入れたにすぎないのです。

それぞれの分野の知識を獲得できるのは、その分野の専門的研究者あるいは専門的な教育を受けた者でなければならないでしょう。その他の人々はたかだかそれらの知識をエンドクサとして共有できるにすぎないのです。しかしまた、専門家でなければ得られないような知識に基づくのではなく、専門家以外の者でも得られるようなエンドクサに基づいてならば、われわれは自分の専門外の問題を含むどんな問題についても言論を展開することが可能となります。

アリストテレスのいうディアレクティケーとはそのような言論を問答によっておこなう方法なのです。そしてまた、トポス論も『トピカ』では『弁論術』におけるよりもいっそう体系的に取り扱われております。

『トピカ』におけるトポス

『トピカ』で扱われる命題（言表）は、何らかの普遍的（種的または類的）なものをあらわす主語と、何らかの普遍的なものをあらわす述語とからなります。たとえば、「人間は理性的動物である」「人間は笑うものである」「人間は動物である」「人間は白いものである」などです。

この類《たぐい》のあらゆる命題は四種類に分類されます（『トピカ』一巻四、五、八章）。命題の述語となるものは、主語となるものの(1)「定義項」か、(2)「固有性」か、(3)「類」か、(4)「付帯性」か、のいずれかを表示する、という理論的区別による分類です。

いま「A」「B」は何らかの種または類をあらわす普遍名辞であるとします。そして「A」が主語、「B」が述語である命題「AはBである」を取り上げます。そのとき「A」と呼ばれる事物について、それがAであるならばそれはBであり、かつそれがBであるならばそれはAであるとします。その場合、BはそのAなる事物について「対等に述語となる」（アンティカテーゴレイスタイ）といわれるのです。

さて「AはBである」といわれるとき、必ず（Ⅰ）BがAなる事物について対等に述語となるか、（Ⅱ）否かのいずれかです。そこで（Ⅰ）の場合、(1)BがAなる事物の「「何であるか」という本質を表示する」ならば、Bはその事物の「定義項」であり、(2)本質を表示しないならば、Bはその事物の「固有性」であるとみなされます。他方（Ⅱ）の場合、(3)Bがその事物の本質を表示する定義のなかで述べられるものであるならば、Bはその事物の「類」であり、(4)Bがその事物の定義のなかで述べられるものでないならば、Bはその事物の「付帯性」であるとみなされるのです。「人間」にとっては、「理性的動物」は定義項であり、「笑うもの」は固有性であり、「動物」は類であり、「白いもの」は付帯性である、というようなことです。

アリストテレスは、『トピカ』では、これら四種類の命題に対応して、推論の一般型を内蔵するトポスも四種類に分けて論じているのです。しかし列挙されるトポスの数があまりにも多く煩雑（数えたら三三七個もあるそうです）なので、それらを整理するのは容易ではありません。

アリストテレスのディアレクティケーの有用性

アリストテレスによると、ディアレクティケーの有用性としては、つぎのようなことが挙げられます（『トピカ』一巻二章）。

(1)知的訓練のために有用。方法を心得ていれば、どんな問題が提起されても、問答的言論を進めることができるのです。

(2)他人との話し合いのために有用。多くの人々のもつ見解（ドクサ）を列挙しながら、相手自身もそう考えることに基づいて話し合いに臨むなら、間違っていると思われる相手の発言を改めさせることもできます。

(3)哲学的知識のためにも有用。互いに反対の主張の両方に対して問題を提起できるので、それぞれの場合における事の真偽をより容易に見ぬけるようになります。

さらに、それぞれの知識の諸原理についても、通念に基づいて検討批判することができます。そういった検討批判が、専門家にとって、原理の再検討や新たな原理の発見のきっかけになることはありうるでしょう。

以上のとおり、プラトンとアリストテレスとでは、ディアレクティケーが大きく異なります。そのことが、後の「ディアレクティケー」という言葉（またはそれにあたる語）の多義的な用法に影響を及ぼしているのです。

しかし、われわれはここではアリストテレスのディアレクティケーに目を向け、レートリケーとの共通点や相違点がどこにあるのかを見ることにしましょう。

レートリケーとディアレクティケーの共通点

まずは両者の共通点です。

アリストテレスの場合、レートリケーでもディアレクティケーでも、(1)取り扱われる事柄は、特定の専門知識をもってなくても誰でもが共通に認識できるようなあらゆる事柄です（『弁論術』一三五四a一、『トピカ』一〇〇a一九）。基本的には、その言論は「エンドクサ」（通念）に基づいておこなわれ、蓋然的な事柄が取り扱われます。

そして、(2)互いに反対の主張の双方に対して問題を提起することができ（『トピカ』一〇一a三五、参考・『弁論術』一三五五a三五）、また異なる前提を見つけることによって、互いに反対の主張を結論として導出することもできるのです（『弁論術』一三五五a二九、同上a三四）。この点は、哲学史上にあらわれたさまざまなディアレクティケーにも共通に当てはまるように思われます。

さらに重要なのは、後にも指摘しますが、両者とも、(3)取り扱われる事柄そのものの知識ではなく、それらの事柄に関する言論の知識であるということです。

レートリケーとディアレクティケーの相違点

つぎは相違点です。

(1)言論の展開は、レートリケーでは論述形式でおこなわれるのに対して、ディアレクティケーでは問答形式でおこなわれます。

(2)言論の部分は、レートリケーでは序言、論題提起、説得立証、結語とに分けられるのに対して、ディアレクティケーでは問題提起《プロブレーマ》と論証《アポディクシス》とに分けられます（『弁論術』三巻一三章）。ディアレクティケーでは、序言や結語にあたる部分はないということです。

(3)レートリケーでは、事柄の論理的な証明にあたるロゴスによる説得立証のほかに、エートスによる説得立証やパトスによる説得立証も有用です（同上一三五六a一以下）が、ディアレクティケーでは、事柄の論理的な証明だけが有効なのです。

アリストテレスの『トピカ』では、ディアレクティケーによる論証のうち、推論は「攻略推論《エピケイレーマ》」と呼ばれ、帰納は単に「帰納《エパゴーゲー》」と呼ばれています。これらは、レートリケーの場合の、推論としての「説得推論」と帰納としての「例証」とにそれぞれ対応するものです。しかしディアレクティケーによる論証は、「攻略推論」も「帰納」

も、相手（自問自答するときは自分が相手）の主張を攻略・論駁し、自分の主張を防御・確立することが目的です。そのうえさらに、説得し、感情を動かし、行動へと導くことまでが射程内に含まれているようなレートリケーの論証とは違うのです。

(4)取り扱われる問題は、通常、レートリケーでは「彼の行為は正しいか」「この政策は有益であるか」というような個別的な問題であるのに対して、ディアレクティケーでは「正義とはどういうことなのか」「有益とはどういうことなのか」といった普遍的な問題です。

(5)両方とも、あらゆる事柄について論じることができるとはいえ、レートリケーのほうは、主に政治的、倫理的な事柄を扱います。

レートリケーやディアレクティケーの有用性

レートリケーの有用性としては、つぎのようなことが挙げられています（『弁論術』一三五五a二一—b七）。

(1)真実のことや正しいことがその反対のことに敗訴・敗北しないようにするのに役立ちます。

(2)専門的知識をもっていない人々に対しては、人々の共通見解（通念）に基づいて説得立証（証明）と弁論（言論）をおこなわざるをえないのです。レートリケーはそのための方法として役立ちます。

(3)互いに反対のことを論証できるということによって、事実はどうなのかを見逃さないようにすることができ、また誰かが言論を不正にあやつっているときには論破するのに役立ちます。一般に、真実のことやより善いことのほうが、本性上つねにいっそう論証しやすく説得しやすいのです。

(4)弁論は自分を害悪から守るためにも役立ちます。

(2)や(3)は、ディアレクティケーも共有する有用性です。(1)もまた、法廷弁論のような場合にかぎらず、問答的言論の場合に置き換えれば、ディアレクティケーにも当てはまります。

第七章　レートリケーと論理学

論理学（形式論理学）とは

レートリケーによる推論が共通トポスの一般型に即しているように、ディアレクティケーによる推論も同様の一般型に即しています。それら推論の一般型は、たしかに法の領域、政治の領域、自然の領域、その他、種類の異なる多くの事柄に共通に適用されます。しかしまた、その適用は互いにある一定の関係にあるものどもにかぎられるのです。反対のものども、相関関係にあるものども、何かが「より多く、より少なく」属するものども、定義される項と定義する項の関係にあるものども、原因と結果の関係にあるものども、種と類の関係にあるものどもなど、それぞれのトポスのものにかぎられるということです。

それに比べると、論理学（形式論理学）は、いわばどんなものどもにも適用できるような、推論の一般型を研究する学問だといえるでしょう。

推論（論証）は、前提（仮定）と呼ばれるいくつかの命題と、結論と呼ばれる一つの命題とからなります。そしてそれら前提から結論が導き出されるのです。命題というのは、真か偽かどちらかである言語表現のことで、通常、日常言語の平叙文にあたります。

論理学は推論形式（いわば推論の一般型）の妥当性（正しさ）を研究する学問です。妥当な推論というのは、前提がいずれも真であれば、必ず結論もまた真となる形式を備えた推論のことです。妥当な推論においては、結論は前提から必然的に（論理の必然によって）導き出されるといわれます。その場合、結論を否定すると、矛盾が生じることになります。そういう妥当な推論の形式を（妥当でない推論の形式とともに）研究するため、現代の論理学では推論の形式を記号化して取り扱います。だから、それは「記号論理学」とも呼ばれます。

妥当な推論の例

いま、PとQはそれぞれ一つの命題をあらわす記号とします。そうすると、たとえば、

PならばQ．しかるに、P．ゆえにQ．

という形式の推論は妥当です。前提は「PならばQ」と「P」、結論は「Q」です。この形式の推論は「肯定式」と呼ばれ、妥当なものとして最もよく知られています。たとえば、

地球は惑星であるならば火星は惑星である．地球は惑星である．ゆえに火星は惑星である．

というのは、この妥当な形式の推論です。ただし妥当な形式の推論でも、前提の少なくとも一つが偽である場合、結論は偽であることも真であることもありうるのです。

地球は惑星であるならば太陽は惑星である（偽）．地球は惑星である（真）．ゆえに太陽は惑星である（偽）．

パリはドイツにあるならばパリはヨーロッパにある（真）．パリはドイツにある（偽）．それゆえパリはヨーロッパにある（真）．

これらはいずれも推論としては妥当なのです。妥当な形式の推論では前提が偽なら結論も偽となると思い込んでいる人がよくありますが、それは論理学においては間違いです。妥当な形式の推論で成り立つのは、前提がすべて真なら必ず結論も真ということだけです。

同様に、

PならばQ．しかるに、Qでない〔Qの否定〕．ゆえにPでない〔Pの否定〕．

という形式の推論も、「否定式」の名でよく知られる妥当な推論です。たとえば、

巨大地震に襲われるならば、首都圏は壊滅する（真それとも偽？）．首都圏は壊滅していない（真）．ゆえに巨大地震に襲われていない（真）．

というのは、この妥当な形式の推論です。

妥当でない推論の例

逆に妥当でない推論についても触れておきます。妥当でない推論というのは、前提がいずれも真であっても、結論が偽となる可能性のある形式を備えた推論のことです。たとえば、

Pならば Q．しかるに、Q．ゆえにP．

という形式の推論は妥当ではありません。この形式の推論は「後件肯定の誤謬《ごびゅう》」の名でよく知られている妥当でない推論です（「後件」というのは、「PならばQ」の「Q」のことです）。たとえば、

地球は惑星であるならば火星は惑星である（真）．火星は惑星である（真）．ゆえに地球は惑星である（真）．

という推論は、たまたま前提も結論もすべて真ですが、妥当ではありません。なぜなら、同じ形式の推論で、前提がいずれも真でありながら結論は偽となるものがあり

うるからです。たとえば、

パリはドイツにあるならばパリはヨーロッパにある（真）．パリはヨーロッパにある（真）．ゆえにパリはドイツにある（偽）．

というのはその一つです。同様に、

PならばQ．しかるに、Pでない．ゆえにQでない．

という形式の推論も、「前件否定の誤謬」の名でよく知られている妥当でない推論です（「前件」というのは、「PならばQ」の「P」のことです）。たとえば、

巨大地震に襲われるならば、首都圏は壊滅する（真それとも偽？）．巨大地震に襲われていない（真）．ゆえに首都圏は壊滅していない（真）．

というのは、この妥当でない形式の推論です。なぜなら、同じ形式の推論で前提が

いずれも真でありながら結論は偽となるものがありうるからです。たとえば、

パリはドイツにあるならばパリはヨーロッパにある（真）．パリはドイツにあるのではない（真）．ゆえにパリはヨーロッパにあるのではない（偽）．

というのがその一つです。

論理学の歴史をふりかえる——アリストテレスの論理学について

ところで、論理学（形式論理学）の名に値するものを、世界ではじめて構築したのもアリストテレスです。アリストテレスの場合、『分析論前書』のなかで体系的に説明された推論（シュロギスモス）〔三段推論〕の理論が論理学にあたります。アリストテレスの論理学は、上に見たような推論を体系的に扱うことのできる命題論理学を備えてはいません。命題論理学はストア派によってはじめて成立するのです。アリストテレスの推論の理論では、取り扱うことのできる命題が、全称肯定、全称否定、特称肯定、特称否定の四種類の命題にかぎられます。

たとえば、「すべての人間は動物である」（動物はすべての人間に述語となる〔動物は

すべての人間に属する」）は全称肯定命題、「どの人間も動物でない」（動物はどの人間にも述語とならない〔動物はどの人間にも属さない〕）は全称否定命題です。また、「ある人間は動物である」（動物はある人間に述語となる）は特称肯定命題、「ある人間は動物でない」（動物はある人間に述語とならない）は特称否定命題です。

これら四種類の命題はいずれも、何らかの普遍的（類的・種的）なものをあらわす主語と述語、「すべての」または「ある」（少なくとも一つの）という量的規定を伴う肯定あるいは否定の表現から構成されています。

アリストテレスの理論で扱われる典型的な推論は、これら四種類の命題のいずれか二つを前提とし、いずれか一つを結論とする推論です。そのために、「推論」を意味するにすぎないギリシア語「シュロギスモス」（συλλογισμός）に、日本語では「三段論法」や「三段式推論」という訳語がよく当てられるのです。その妥当な推論で一番代表的なものは、

Aはすべての B に述語となる．B はすべての C に述語となる．ゆえに A はすべての C に述語となる．

という形式の推論です。たとえば、

すべての動物（B）は死ぬもの（A）である．すべての人間（C）は動物（B）である．ゆえにすべての人間（C）は死ぬもの（A）である．

という推論です。主語または述語の位置にあらわれる「A」「B」「C」は、アリストテレスが「項《ホロス》」（名辞）と呼ぶ記号です。それらは、何らかの普遍的なものをあらわす記号として用いられます。「ソクラテス（この人）」とか「この馬」とかいうような個別的なものをあらわさないのです。

したがってまたアリストテレスの推論の理論では、たとえば「ソクラテスは人間である」というような個別命題は、取り扱うことができません。また「ある男（A）はすべての女（B）を愛する（C）」というような、AはBに対してCなる関係にあることを述べる関係命題も、取り扱うことができません。したがって、アリストテレスの推論の理論は、命題論理学と述語論理学とからなる現代論理学に比べれば、述語論理学の一部分を体系化したにとどまります。

しかし現代論理学は、ようやく十九世紀の後半になって、ドイツの数学者G・フレーゲ（一八四八―一九二五）の『概念文字』（Begriffsschrift 一八七九）によってはじめられるに至ったものです。それに先立つ二千年以上も前の紀元前四世紀に、現代論理学からみれば部分的であったにしろ、推論の体系化に成功したアリストテレスの功績はきわめて大であったのです。

ストア派の論理学について

命題論理学は前三世紀古代ギリシアのストア派によってはじめて体系化されました。そのほとんどはストア派の第三代学頭クリュシッポス（前二八〇頃―前二〇七頃）によって実現されたとみられています。ストア派の学説の原資料は断片的にしか伝わっていないので、その論理学の全貌を知ることは困難です。妥当な推論形式のうち、ストア派の論理学でもっとも基本的なものとして、証明なしに妥当とみとめられた推論形式があります。それらは知られているので、あとに掲げておきます（付録二三八ページ参照）。

古代ではその後、論理学に関して特にオリジナルで重要な業績は現われませんでした。

西洋中世の論理学について

つぎに論理学が生産的な時期を迎えるのは、西洋中世の十三世紀から十四世紀にかけてです。それは十二世紀末頃までにアリストテレスの論理学関連の諸著作のすべてがヨーロッパの学者たちに知られるようになったことにはじまります。それらの諸著作とは、『カテーゴリー論』『命題論』『分析論前書』『分析論後書』『トピカ』『詭弁論駁論（ソフィスト的論駁）』のことで、「オルガノン」（〔学問の〕道具）と総称されるものです（『弁論術』を「オルガノン」の一部とみるアリストテレス古注釈家もいました）。十三世紀に活躍したペトルス・ヒスパヌスの『論理学綱要』もそういう状況のなかで成立したのです。

中世の論理学書の主な内容は、アリストテレスの「オルガノン」の解説と、独創的な論理的意味論である「代表《スッポシティオ》」の理論と、独創的な命題論理学的研究である「推断《コンセクエンティア》」の理論です。

そのなかで論理学（形式論理学）に相当するのは、アリストテレスの三段推論の理論の解説の部分と推断の理論の部分です。推断の理論の内容は、要するに、妥当な推論形式の命題論理学的研究です。推断の理論はまさしく現代の命題論理学の先駆といえます。

こういった中世論理学の十四世紀における代表的研究者としては、イギリスのウィリアム・オッカム（一二八五頃―一三四九）の名が挙げられます。

西洋近世の論理学について

やがてイタリアにはじまるルネサンスの時代も過ぎ、西洋近世の十七世紀以後になると、論理学の研究は衰えます。それは、デカルト（一五九六―一六五〇）の論理学を軽視する言（『方法序説』第二部）にも象徴されています。学問の道具としては論理学よりも、むしろ数学がデカルトやライプニッツ（一六四六―一七一六）やニュートン（一六四二―一七二七）たちの手によって発展を遂げたのです。数学はいわば自然科学的世界の在りかた、動きかたを精密に記述し、説明するためにつくられた言語体系なのです。それが近代自然科学の発展と歩みをともにしたのです。

論理学のほうでは、いわゆる「ポール・ロワイヤル論理学」（一六六二）が現われます。「ポール・ロワイヤル」というのは、著者アルノーとニコーが所属していたパリ郊外のカトリック修道院の名です。この書物の正式の題名は『論理学すなわち思考の技術』であって、論理学も「事物の認識へと、理性を正しく導く技術」であると定義されます。この論理学は、観念（概念）といった精神的なものを主題とします。論理学は言論の方法というよりも、むしろ思考の方法となるのです。

アリストテレスの論理学やそれを受け継ぐ中世の論理学では、「項」（名辞）（ὅροϛ, terminus）、「命題」（πρότασιϛ, propositio）、「推論」（συλλογισμόϛ, syllogismus）は言語的な対象を指すとみなされていました。しかし「ポール・ロワイヤル論理学」では、それらが「観念」（idée）、「判断」（jugement）、「推理」（raisonnement）と言い換えられ、精神的な対象を指すとみなされることになります。また論理法則（論理的真理）は思考法則（それにのっとって考えるべき法則）とみなされるのです。

ポール・ロワイヤル流の論理学はまもなくヨーロッパ全域にひろまり、近世論理学の主流となっていきます。しかしそれは、論理学としては、中世論理学を超え、発展させるものではありませんでした。他方、論理的な事柄を心理的な事柄として扱ったり、認識論を論理学と混同したりする傾向をもたらしました。こういった状況が十九世紀までつづいたあと、やっと近世論理学と訣別した現代論理学が成立したのです。

現代論理学について

さきに紹介したとおり、命題論理学と述語論理学とからなる現代論理学を創設したのは、G・フレーゲです。その成果は二十世紀にはいって、A・N・ホワイトヘッド

（一八六一―一九四七）とB・ラッセル（一八七二―一九七〇）の共著『プリンキピア・マテマティカ』（数学の原理）全三巻（一九一〇―一三）において継承発展させられます。その後、多くの論理学者が輩出し、論理学の体系をさらに発展させ、また形式的に整備する仕事をしてきたのです。それがどのような体系であるかをちょっと見てみようと思われる方は、巻末の付録をご覧ください。

参考までに、アリストテレスの推論の理論、ストア派の命題論理学、現代論理学のそれぞれにおいて、妥当な推論形式のうち基本的とみなされているものを掲げておきます（巻末付録）。

レトリック的推論の蓋然性

論理学で妥当な形式の推論はいずれも、前提がすべて真であれば、必ず結論も真となるようになっています。しかし、トポスの一般型に即したレトリック的推論、すなわち説得推論《エンテューメーマ》は、多くの場合そうではありません。

たとえば、反対のものどもに拠るトポスの一つの一般型として、つぎのような型がありました。

Aは B と反対、C は D と反対の場合、「A に C が属する〔前提〕。ゆえに、B に D が属する〔結論〕」というのです。「節制（B）は善い（D）〔結論〕。なぜなら、放埒《ほうらつ》（A）は有害（悪）（C）だ〔前提〕から」という説得推論はこの型のものでした。しかし、同じ型で、「男の人（A）は陸棲動物である（C）。ゆえに、女の人（B）は水棲動物である（D）」という推論もできあがります。ところがこの推論の前提は真ですが、結論は偽です。

相関関係に拠るトポスの一般型についても同様です。AとBとが相関関係にある場合、「AにCが属する〔前提〕。ゆえに、BにCが属する〔結論〕」というのです。しかし、たとえば、「（証券業者が）株式を売ったのは正当である」が真であっても、「（値上がりを確実に知る立場にある者が）株式を買ったのは正当である」が真ということにはなりません。

そうすると、説得推論の一般型は、前提が真ならば必ず結論も真となるような推論形式ではないように思われるかもしれません。

それでは説得推論は本来、論理学的にはまったく妥当でないものなのかというと、そういうわけではないのです。

説得推論《エンテューメーマ》を論理学的に妥当な推論として解釈すると

説得推論を論理学的に妥当な推論として解釈することができないわけではないのです。

たとえば、反対のものどもに拠るというトポスにおける推論の一般型はつぎのように解釈できます。

(1)（Bと反対の）Aに（Dと反対の）Cが属するならば、（Aと反対の）Bに（Cと反対の）Dが属する。(2)AにCが属する。ゆえに、(3)BにDが属する。

これは「PならばQ．しかるに、P．ゆえにQ」（肯定式にあたる）という妥当な形式の推論です。だから、この推論の一例としての――

(1′)（放埒と反対の）節制は（有害と反対に）善いならば、（節制と反対の）放埒は（善いと反対に）有害である。(2′)節制は善い。ゆえに、(3′)放埒は有害である。

というのもまた、妥当な推論です。説得推論は(2)と(3)だけ、例では、(2′)と(3′)だけを示していることになります。くどくどと(1)を、つまり、例では、(1′)を述べるまでもないということです。

相関関係に拠るとか、「より多い、より少ない」に拠るとか、定義に拠るとかいうトポスなどの一般型についても、同様の妥当な推論として解釈できるでしょう。また、たとえば、分割に拠るというトポスの一般型は、簡単化してですが、つぎのように解釈できます。

(1)EにAが属するとすれば、EにBが属するかまたはEにCが属する。(2)EにBが属するかまたはEにCが属する、のではない。ゆえに、(3)EにAが属さない。

これは「Pならば(QまたはR). しかるに、(QまたはR)でない. ゆえに、Pでない」(否定式にあたる)という妥当な形式の推論です。説得推論では、(1)が一般にそうだと思われることであれば、(2)と(3)だけを述べればよいということです(例は省略)。

このようにして、説得推論の一般型は何らかのかたちで妥当な推論として解釈できるでしょう。この点は見かけだけの説得推論と対照的です。たとえば、後件に拠るというトポスの一般型は、逆に、「PならばQ. しかるに、Q. ゆえにP」(後件肯定の誤謬）という典型的な妥当でない形式の推論として解釈できるのです。

説得推論の前提は蓋然的に真

それでは妥当な推論と解釈できる説得推論で、前提が真なのに、結論が偽となる場合があるのはなぜでしょうか。

それは前提それ自体（前記の推論の(1)や(2)に対応する命題）が「真実らしいこと」だからです（本書第二章八三ページ参照）。この種の前提は、真は真でも、蓋然的に（大概の場合に）真なのです。そして、蓋然的に真なる命題を前提とするなら、妥当と解釈できる推論によって導き出された結論もまた蓋然的に真となります。したがってまた、その結論が事実上は偽であるという場合もあるわけです。

こういったことは、ディアレクティケーにおける攻略推論も含めて、トポスに基づく推論の一般的特徴です。

自然の必然性と論理の必然性の相違

ところで、原因から結果を推論するトポスの一般型についてはどうでしょうか。いま、AということがBという結果の原因である場合、「Aが起こる」を前提とすれば、

「Bが起こる」が結論とされるというのがその一般型だとしましょう。「月が地球と太陽のあいだに介在する。ゆえに、日食が起こる」「銃弾が被害者の心臓を貫いた。ゆえに、被害者は死亡した」などが、その一般型に即した説得推論の例です。

これらの説得推論を肯定式の形式の妥当な推論として解釈しようとした場合、つけ加えられる前提は、「Bの原因Aが起こるならば、Aの結果Bが起こる」という命題です。この命題は蓋然的にではなく、必然的に真でしょう。つまり例でいうと「月が地球と太陽のあいだに介在するならば、日食が起こる」「銃弾が被害者の心臓を貫くならば、被害者は死亡する」は必然的に真でしょう。したがって、このタイプの説得推論の前提は蓋然的にではなく、必然的に真だということになります。結論も事実上、偽となることはないでしょう。

しかし、この必然性は、結果が原因から自然の法則にしたがって生じるゆえの、自然の必然性であって、論理の必然性ではありません。自然の必然性は自然の法則に基づくもので、この世界においては事実上、他の仕方ではありえないということなのです。だからじっさい、もしも月が光を遮らない透明な物体だとすれば、もしも心臓が弾丸に貫かれても機能を失わないようにできていたとすれば、どうでしょう。この前提は真ではないことになります。自然の必然性は論理上、他の仕方ではありえないということではないのです。

他方、論理の必然によって真なる命題というのは、たとえば、「PならばP」（「月が地球と太陽のあいだに介在するならば、月が地球と太陽のあいだに介在する」）とか、「（PかつQ）ならばP」（「月が地球と太陽のあいだに介在し、かつ、日食が起こるならば、月が地球と太陽のあいだに介在する」）のような命題のことです。これらの命題は、「P」（「月が地球と太陽のあいだに介在する」）や「Q」（「日食が起こる」）が事実上真であろうと偽であろうと、いずれの場合もつねに真なのです。こういう命題が論理必然的に真なる命題なのです。

このように、自然の必然性と論理の必然性とは異なるのです。とはいっても、論理的に必然であれば自然的にも必然なのであって、異なるというのは、その逆が成り立たないということなのです。

アリストテレス以後のレトリックの運命

イソクラテスのレートリケーを中心とする人間的（人文的）教養の理念（本書第一章参照）は、ローマのキケロ（前一世紀）を経て、レトリックの大成者クィンティリアヌス（一世紀）にうけつがれます。かれらは弁論の種類やレトリックの諸部門に関する理論についてはアリストテレスに学んでいますが、人間的教養のある弁論家を理想とする点ではイソクラテスの徒なのです。

ところで古代ギリシアのレートリケーにおいては、アリストテレスの『弁論術』にみられるとおり、三種の弁論がありました。「審議（議会）弁論」と「法廷弁論」と「演示（儀式）弁論」です。しかしアレクサンドロスによる征服後のヘレニズム時代においては、ポリス（都市国家）の衰退や民主制の崩壊によって、ギリシア世界では議会弁論や法廷弁論は衰えるほかなかったでしょう。

ローマ時代でも、共和制期においては議会弁論や法廷弁論は、キケロの業績をみても、実質的な意義をもっていたといえます。しかし帝政期に至ると、それらの弁論は学校教育の場で練習弁論の題材と化してしまうのです。このように、弁論の対象領域の狭まりはすでに古代にはじまっています。しかし、それでもクィンティリアヌスの『弁論家の教育』のなかには、三種類の弁論もレトリックの三部門（レトリック的論証の「発見（構想）法」、弁論部分の「配列法」、弁論の「表現（修辞）法」）も存在していたのです。

レトリックは、やがて中世においてはいわゆる三自由学科の一つとなります。中世の三自由学科のなかでは、レトリック（Rhetorica）はもともと自ら備えていた役割を文法学（Grammatica）と弁証術（Dialectica）〔または論理学（Logica）〕によって奪われます。その結果、レトリックは修辞（表現・文彩）法の研究のみに狭められることになっていったのです。

イタリア・ルネサンス期には、ペトラルカ（十四世紀）をはじめとする人文主義者たちが、イソクラテス、キケロのレトリック的教養の伝統を再生させます。十六世紀にはイエズス会がレトリックを中心とする「教育計画」を定め、一六〇〇年にはパリ大学がそれを採用します。このようにして、レトリックは十九世紀に至るまでヨーロッパの学校教育において支配的な位置を占めることになったのです。

　この間、ヴィーコ（一六六八―一七四四）のような人が現われました。『学問の方法』のなかで、彼は思慮分別《プルーデンティア》（賢慮）や雄弁の規準として常識《センスス・コンムーニス》の育成を求め、トポスに依拠するレトリック的な言論や思考の重要性を説きもしたのです。

　しかしやはり、レトリックは、もっぱら修辞（表現）理論の部門に限定され、さらに文彩論から隠喩論へと狭められるにつれて、やがて教育価値もみとめられなくなります。そして十九世紀末頃までには、ヨーロッパの種々の教育機関で教えられなくなるに至りました。

近世におけるアリストテレスの『詩学』と『弁論術』

　アリストテレス著作集には、文学作品（アリストテレスにとっては、ホメロスの叙事詩、詩人たちの叙情詩、悲劇や喜劇）の創作について論じた『詩学』（創作論）があります。レトリックの役割を修辞法に狭めるということは、言ってみれば、レトリックの中身を詩学にすり替えることに匹敵するといえるでしょう。

　じっさい、いわゆるルネサンスの時代以後をみると、アリストテレス『詩学』は、一四八九年にヴェネチアで原典からのラテン語訳が現われ、一五〇三年には最初のギリシア語テキストが出版されるに及んでからは、今日にいたるまで大勢の人々によって翻訳や注釈が与えられています。

他方、十五世紀には、イタリアの人文学者たちが、ゲオルギウス・トラペヅンティウス（トレビゾンド〔Trebizond〕のジョージ）によってアリストテレスのレトリック理論に目を向けさせられました。アリストテレス『弁論術』の翻訳では、ゲオルギウスによる新ラテン語訳（一四七七頃）が最初の印刷本です。完全なギリシア語テキストの最初の印刷本は、もう少し遅れてアルドゥス・マヌティウスによって出版されたヴェネチア版本の『ギリシア弁論家集』（一五〇八）にあるということです。

その後はギリシア語テキストの新版も刊行されるようになり、新訳もまたおこなわれました。近代語による翻訳もいくつかあります。しかし、注釈としては、グリマルディによる最近の注釈以前には、十九世紀イギリスのコープによる注釈（一八七七）が唯一のものでした。

こういった事情は、アリストテレス『弁論術』に対してよりも、アリストテレス『詩学』に対して、はるかに多くの研究があてられたことを示しています。このことは、レトリックを修辞学に狭め、レトリックを詩学に、レトリック的論証法を創作法にすり替える動きに呼応しているといえるのではないでしょうか。

レトリック復興の動きと現状

ところが欧米では一九六〇年前後から、言語学や文学理論の研究者たちや哲学者たちのあいだで、レトリック復興の動きが活発になってきました。

われわれは、ロラン・バルト『旧修辞学』(一九七〇・沢崎浩平訳一九七九)、グループμ『一般修辞学』(一九七〇・佐々木、樋口訳一九八一)、ペレルマン『説得の論理学──新しいレトリック』(一九七七・三輪正訳一九八〇)、ポール・リクール『生きた隠喩』(一九七五・久米博訳一九八四)などの邦訳による紹介によっても、その活動の一端にふれることができます。

わが国においても、レトリックへの関心がとみにたかまっていることは、日本の学者たちが執筆したレトリック関係の著作の相次ぐ出版をみても明らかです。三輪正『議論と価値』(一九七二)、佐藤信夫『レトリック感覚』(一九七八)、『レトリック認識』(一九八一)、澤田昭夫『論文のレトリック』(一九八三)、中村明『日本語レトリックの体系』(一九九一)その他、たくさんあります。

ところが、レトリック復興の現状は、依然として修辞学中心の詩学・文学風レトリックが主流のようです。一九五八年にペレルマンとオルブレクツ-テュテカの共著

『議論（レトリック的論証）法の研究――新しいレトリック』（Traité de l'Argumentation――la Nouvelle Rhétorique）が発表されています。この著書についてミシェル・ラコストは「現代の「修辞学（レトリック）」復興の大勢からみれば、傍流に位置する」と評します（ロラン・バルト『旧修辞学』沢崎訳・巻末収録「書誌」XXI）。その理由は、「論理的観点から（中略）弁論の技術を研究」していて、「文彩は、説得の要因となる場合でなければ、直接、著者たちの関心をひかない」からだというのです（同上）。しかしこの評に対してペレルマンは「レトリックの復興を文彩のレトリックの復興として希望することは、（中略）まったく空虚な希望と思われる」と反論していますo（『説得の論理学』三輪訳一九頁）。

われわれは文学理論とレトリックを明確に区別しなければなりません。修辞学はどちらにも含まれます。しかし修辞学のもつ重要性、有用性は両者ではまったく異なります。文学理論においては修辞学の研究はそれだけでもひとつの完結性をもった研究として通用するでしょう。しかし、レトリックにおいては、トポスによる言論としての説得立証の研究こそが主要なもので、修辞学の研究は従属的なものにすぎないのです。現在のレトリック研究の主流が文彩論、隠喩論であるとすれば、それがどんなに装いを新たにしているとしても、じつはレトリックの復興ではなく、単なる修辞学の復興にすぎません。それではアリストテレスのレトリックが備えていたもとの豊かさや有用性を取り戻すことはできません。

レトリックの復興の旗をかかげようとする者は、トポス論やレトリック的論証の研究をまず第一にしなければならないのではないでしょうか。その点で、ペレルマン『法律家の論理』（一九七六・江口三角訳一九八六）、フィーヴェク『トピクと法律学』（一九七三・植松秀雄訳一九八〇）、ハフト『法律家のレトリック』（一九七八・植松秀雄訳一九九二）などの訳業にみられるように、日本の法律学者たちがレトリックに強い関心を抱きはじめていることが注目されます。

言論だけの知識としてのレートリケーやディアレクティケー

アリストテレスによると、レートリケーの場合も、ディアレクティケーの場合も、その言論はトポスに依拠して展開されます。トポスには共通トポスと固有トポスがあります。

共通トポスにおいては、推論の一般型が見つけ出されます。それらは、政治や倫理に関する事柄であれ、自然に関する事柄であれ、どんな領域の事柄についても適用されます。特定の主題に限られることはありません。したがって、共通トポスの内容に通じたとしても、何か特定の領域の事柄に通じた専門家になれるわけではないのです。しかし、固有トポスについては事情が異なります。固有トポスは主題とされる特定の領域の事柄に直接かかわる命題からなります。

そこでアリストテレスはつぎのように言います。

「固有トポスについては、人が〔主題に関する〕命題の選択を適切にすればするほど、それに応じて、ディアレクティケーやレートリケーとは別の知識をいつの間にか作っていくことになるであろう。なぜなら、〔主題となっている事柄に関する〕原理に行きつくような場合は、そこにあるのはもはやディアレクティケーやレートリケーではなく、人が現にその原理を把握している当の知識であることになるだろうから」（『弁論術』一三五八a二三）。

「ディアレクティケーやレートリケーを単に言論の知識というだけでなく、主題となっている事柄の知識へと作り変えるなら、それによって気づかないうちに両者の本性を失わせてしまうことになるだろう」（同上一三五九b一四）。

レートリケーも、ディアレクティケーも、主題となっている事柄の知識ではなく、それら事柄に関する言論の知識なのです。その言論の内容はエンドクサにほかなりません。

レートリケーやディアレクティケーに要求される努力

レートリケーが主に取り扱う事柄は、政治や倫理に関するものです。レートリケーがそれらの事柄に関する言論の知識にとどまることなく、事柄そのものに関する知識の探究に向かうならば、それはもはやレートリケーではなくなって、政治学、法律学、倫理学といった専門的研究に変貌せざるをえません。文字どおりどんな種類の事柄でも取り扱うディアレクティケーが、事柄そのものの知識の探究をめざすならば、それはもはやディアレクティケーではなくなって、全体としては哲学に変貌せざるをえません。

とはいっても、あらゆる事柄についての知識を探究する能力など、一人の人間がもてるわけはありません。したがって、事柄そのものの知識の探究としての哲学は、それぞれの領域の事柄に関する専門的研究に分かれるほかありません。今日では哲学研究それ自身も一つの専門的研究になっているのです。

レートリケーもディアレクティケーも、その取り扱う事柄に関するエンドクサに基づく「言論の知識」です。そして言論の「知識」であるからには、それを研究する専門家もまた存在することになります。しかしレートリケーもディアレクティケーも、それ自体がその取り扱う事柄に関する専門的知識となることはできません。専門的研究の成果としての知識をエンドクサのかたちで共有することができるだけです。しかしまた、そのエンドクサの内容も、専門的知識の発展に応じて、より豊かに、かつ、より蓋然性の高いものになっていくはずです。レートリケーにもディアレクティケーにも、それについていく努力が求められるのです。

レトリックの本領

日本には、修辞学に関しては、『万葉集』『古今集』以来、千年以上にも及ぶすぐれた伝統があります。しかしそれはレトリックの伝統ではありません。レトリックは単なる修辞学ではないのです。説得的なエンドクサに基づいておこなわれる一種の論証、説得のための立証（ピスティス）の方法やそれに役立つトポス論こそがレトリックの本領なのです。だからこそ、論証の方法を学ぶために、レトリックからディアレクティケーや論理学へ、エンドクサの重要な供給源として政治学、法学、倫理学、心理学その他もろもろの知識へと展望が開けていくのです。

「護心術」としてのレトリック

レトリックは人々を説得するのに役立つばかりではありません。害悪をもたらす相手や不正を働こうとする相手から自分自身がやすやすと説得されないようにするためにも役立つはずです。ちょうど格闘術が護身術にもなるように、レトリックは「護心術」にもなるでしょうから。

今日われわれは、全世界を挙げての大々的な情報化社会に突入しつつあります。そういう社会においては、情報を操作しつつ情報を発信しようとする人たちにとって、人心誘導法としてのレトリックはますますその有用性が増大していきます。大きな組織をもつ情報発信者は組織をあげて、レトリック（「レトリック」という名で呼ばないとしても）を研究し、利用しようとするでしょう。

情報化社会といっても、大きな組織をもつ情報発信者が握っている情報と受信者側の大衆の一人一人がもつ情報とでは、量質ともに格段の差があることは明らかなのです。われわれ大衆の一人一人はそういった情報発信者の思うがままになりがちなのです。

受信者の側におかれる人々は提供された情報を批判的に受けとめなければなりません。そのためには発信者が用いているであろうレトリックをよく心得て、それに対処しなければなりません。常識に基づいて、「異なる前提を見つけることによって、互いに反対の主張を結論として導き出す」というレトリックの（ディアレクティケーとも共有する）技術を心得ていれば、情報発信者の思うがままになることも防げるでしょう。

引用ならびに参考文献

◎アリストテレスのレートリケー：テキスト・注釈・翻訳・参考書

Aristotelis Ars Rhetorica, ed. by W. D. Ross. Oxford : Oxford Univ. Press 1959.

Aristotelis Ars Rhetorica, ed. by R. Kassel. Berlin : De Gruyter 1976.

E. M. Cope. The RHETORIC of Aristotle with a Commentary I-III（rev. & ed. J. E. Sandy）s. Cambridge 1877 [Reprint. Arno Press 1973].

W. M. A. Grimaldi. Aristotle, RHETORIC I : A Commentary. New York : Fordham Univ. Press 1980.

W. M. A. Grimaldi. Aristotle, RHETORIC II : A Commentary. New York : Fordham Univ. Press 1988.

Aristotle : The “Art” of Rhetoric, with Greek Text, trans. by J. H. Freese. Cambridge : The Loeb Classical Library. Harvard Univ. Press 1926.

Aristotle : On Rhetoric, trans. by G. A. Kennedy. New York : Oxford Univ. Press 1991.

アリストテレス『弁論術』池田美恵訳　筑摩書房（世界古典文学全集16所収）一九六六

アリストテレス『弁論術』山本光雄訳　岩波書店（アリストテレス全集16所収）一九六八

アリストテレス『弁論術』戸塚七郎訳　岩波文庫　一九九二
G. A. Kennedy. The Art of Persuasion in Greece. Princeton : Princeton Univ. Press 1963.
E. E. Ryan. Aristotle's Theory of Rhetorical Argumentation. Montreal : Bellarmin 1984.
P. D. Brandes. A History of Aristotle's "Rhetoric". Metuchen, New Jersey : Scarecrow 1989.

以下は、日本語で読める文献のみにとどめます。古典の邦訳については、本書のなかに訳文をそのまま引用させていただいたり、訳語を使わせていただいたりしました。その都度、訳者名を記してお断わりしなかったことをお詫びいたします。何卒ご寛恕くださるようお願いするとともに、その学恩に感謝申し上げます。右記のアリストテレス『弁論術』の訳者の皆様にも、同様にお詫びと感謝を申し上げます。

本書に記されているプラトンの著作の頁数・段落、アリストテレスの著作の頁数・行数は、今日、通常用いられているギリシア語テキストによるものです。たとえば、プラトンの『ゴルギアス』四五七ABというのは、『ゴルギアス』の四五七頁の段落AからBにかけての箇所を示します。また、アリストテレスの『トピカ』一〇一a三〇というのは、『トピカ』の一〇一頁のa欄三〇行目の箇所を示します。それらは邦訳本にもおおよそのところが記載されています。

なお、アリストテレスの著作からの引用については、本書では、簡略化して当該箇所の最初の頁数・行数のみを示しました。また、単に巻数・章数のみを示したのもあります。

イソクラテス、クセノポン、キケロの著作で、邦訳本のないものは「ロエブ古典文庫」（The

Loeb Classical Library）所収のテキストを用いました。

◎レトリック関係

プラトン『ゴルギアス』加来彰俊訳　岩波文庫　一九六七
プラトン『パイドロス』藤沢令夫訳　岩波文庫　一九六七
クインティリアーヌス『弁論家の教育』〔部分訳〕全二冊　小林博英訳　明治図書　一九八一
G・ヴィーコ『学問の方法』（原著一七〇九）上村・佐々木訳　岩波文庫　一九八七
A・グウィン『古典ヒューマニズムの形成』（原著一九二六）小林雅夫訳　創文社　一九七四
H・I・マルー『古代教育文化史』（原著一九四八）横尾・飯尾・岩村訳　岩波書店　一九八五
E・R・クルツィウス『ヨーロッパ文学とラテン中世』（原著一九五四）南大路・岸本・中村訳　みすず書房　一九七一
田中美知太郎『ソフィスト』講談社学術文庫　一九七六（筑摩書房　一九五七）
J・サンジェ『弁論術とレトリック』（原著一九六七）及川・一之瀬訳　白水社（文庫クセジュ）一九八六
R・バルト『旧修辞学』（原著一九七〇）沢崎浩平訳　みすず書房　一九七九
三輪正『議論と価値』法律文化社　一九七二
波多野完治『現代レトリック』大日本図書　一九七三
Th・フィーヴェク『トピクと法律学』（原著一九七三）植松秀雄訳　木鐸社　一九八〇

Ch・ペレルマン『法律家の論理――新しいレトリック』（原著一九七六）江口三角訳　木鐸社　一九八六
Ch・ペレルマン『説得の論理学――新しいレトリック』（原著一九七七）三輪正訳　理想社　一九八〇
F・ハフト『法律家のレトリック』（原著一九七八）植松秀雄訳　木鐸社　一九九二
波多野完治『説得の文章心理学』　筑摩書房　一九八一
F・ハフト『レトリック流法律学習法』（原著一九八三）平野敏彦訳　木鐸社　一九九二
澤田昭夫『論文のレトリック』　講談社学術文庫　一九八三
廣川洋一『イソクラテスの修辞学校』　岩波書店　一九八四
足立幸男『議論の論理』　木鐸社　一九八四
向坂寛『対話のレトリック』　講談社現代新書　一九八五
廣川洋一『ギリシア人の教育』　岩波新書　一九九〇

◎修辞学関係

I・A・リチャーズ『新修辞学原論』（原著一九三六）石橋幸太郎訳　南雲堂　一九六一
芳賀・杉谷編／益地憲一校訂『作文講話及び文範』（原著一九一二）講談社学術文庫　一九九三
グループμ『一般修辞学』（原著一九七〇）佐々木・樋口訳　大修館書店　一九八一
P・リクール『生きた隠喩』（原著一九七五）久米博訳　岩波書店　一九八四

佐藤信夫『レトリック感覚』講談社 一九七八
佐藤信夫『レトリック認識』講談社 一九八一
池上嘉彦『ことばの詩学』岩波書店 一九八二
外山滋比古『日本の修辞学』みすず書房 一九八三
尼ケ崎彬『日本のレトリック』筑摩書房 一九八八
速水博司『近代日本修辞学史』有朋堂 一九八八
中村明『日本語レトリックの体系』岩波書店 一九九一
芝原宏治『錯誤のレトリック』海鳴社 一九九二

◎弁証法史関係

茅野良男『弁証法入門』講談社現代新書 一九六九
中埜肇『弁証法』中公新書 一九七三

◎現代論理学関係

A・N・ホワイトヘッド、B・ラッセル『プリンキピア・マテマティカ』(原著一九一〇―一三) 序論 岡本・戸田山・加地訳 哲学書房 一九八八
E・J・レモン『論理学初歩』(原著一九六五) 竹尾・浅野訳 世界思想社 一九七三
G・E・ヒューズ、M・J・クレスウェル『様相論理入門』(原著一九六八) 三浦・大浜・春藤

訳　恒星社厚生閣　一九八一
木村・常俊・安井・山本・吉田『論理学』晃洋書房　一九八三
内井惣七『真理・証明・計算』ミネルヴァ書房　一九八九

◎論理学史関係

H・ショルツ『西洋論理学史』（原著一九三一）山下正男訳　理想社　一九六〇
I・M・ボヘンスキー『古代形式論理学』（原著一九五一）岩野秀明訳　公論社　一九八〇
山下正男『論理学史』岩波書店　一九八三

◎哲学関係その他：翻訳・解説のみ

ホメロス『イリアス』上下　松平千秋訳　岩波文庫　一九九二
孔子『論語』上中下　吉川幸次郎注解　朝日新聞社（中国古典選3・4・5）一九七八
孔子『論語』金谷治訳注　岩波文庫　一九六三
廣川洋一『ソクラテス以前の哲学者』講談社　一九八七
トゥーキューディデース『戦史』上中下　久保正彰訳　岩波文庫　一九六六―六七
クセノフォーン『ソークラテースの思い出』佐々木理訳　岩波文庫　一九五三
プラトン『プロタゴラス』藤沢令夫訳　岩波文庫　一九八八
プラトン『ゴルギアス』加来彰俊訳　岩波文庫　一九六七

プラトン『国家』上下　藤沢令夫訳　岩波文庫　一九七九
プラトン『パイドロス』藤沢令夫訳　岩波文庫　一九六七
プラトン『テアイテトス』田中美知太郎訳　岩波文庫　一九六六
プラトン『法律』上下　森・池田・加来訳　岩波文庫　一九九三
プラトン全集（全十六巻）田中美知太郎・藤沢令夫・他訳　岩波書店　一九七六―七八
アリストテレス『形而上学』上下　出隆訳　岩波文庫　一九五九―六一
アリストテレス『ニコマコス倫理学』上下　高田三郎訳　岩波文庫　一九七一
アリストテレス『政治学』山本光雄訳　岩波文庫　一九六一
アリストテレス全集（全十七巻）出隆・山本光雄・他訳　岩波書店　一九六八―七三
田中美知太郎編『ギリシア思想家集』（世界文学大系63）筑摩書房　一九六五
プルタルコス『饒舌について　他五篇』柳沼重剛訳　岩波文庫　一九八五
ディオゲネス・ラエルティオス『ギリシア哲学者列伝』上中下　加来彰俊訳　岩波文庫　一九八四―九四
ペトルス・ヒスパーヌス『論理学綱要』（原著十三世紀）山下正男訳・研究　京都大学人文科学研究所　一九八一
『トマス・アクィナス』山田晶編訳　中央公論（世界の名著続5）一九七五
トマス・アクィナス『神学大全』X（第二―一部・二二―四八問）森啓訳　創文社　一九九五
『デカルト』野田又夫編訳　中央公論（世界の名著22）一九六七

カント『純粋理性批判』全四冊　天野貞祐訳　講談社学術文庫　一九七九
カント『純粋理性批判』上中下　篠田英雄訳　岩波文庫　一九六一
『カント』野田又夫編訳　中央公論（世界の名著32）一九七二
ヘーゲル『大論理学』全四冊　武市健人訳　岩波書店（ヘーゲル全集6ab―8）一九五六―六〇
ヘーゲル『小論理学』上下　松村一人訳　岩波文庫　一九五一―五二
H・M・ガーディナー他『感情心理学史』（原著一九三七）矢田部・秋重訳　理想社　一九六四

あとがき

講談社の阿部英雄氏から、論理学関連の内容で「新書」のために何かを、との依頼を受けたのは、もう十数年も前のことになります。それから今日まで、この程度の分量の著作になぜそんなに時間がかかったのかと、笑われても当然だと思います。

最初は古代ギリシアの論理学の歴史のことを話題にして書こうと思っていました。エレア派ゼノンのパラドクス、ソフィスト流のたくさんの詭弁、プラトンの対話篇にみられる問答の実例、アリストテレスの三段推論の理論、ストア派の命題論理学など、話題は数多くあります。しかし書いてみると、形式論理的な話ばかりになってしまったので、一部の人たちを除いて、一般の読者には関心をもってもらえそうには思えませんでした。

そういう理由から、自分で落第点をつけ、今度は方針を切り換えました。「言論の技術」と呼ばれた古代ギリシアのレトリックを主な話題として書き、そのなかでディアレクティケーや論理学のことにも触れるということにしたのです。書くための準備として、あらためてアリストテレスのレートリケーのテキストを丁寧に読むのに時間がかかりました。そしてできあがったのがこの本です（なお、本書の内容で一部かつての拙論「論証と説得」〔新岩波講座哲学3・一九八六、所収〕と重なるところがあることをお断りしておきます）。

レトリックは使われ方によっては恐ろしい災厄を社会にもたらします。かつてヒットラーがドイツ国民の心を掌握して思いのままに動かしたのも、近くは日本で、かの宗教教祖を名乗る人物が信者を狂気の行為にかりたてたのも、一種の天才的なレトリック的人心誘導術によるところが大きかったのではないでしょうか。

筆者はこの本で本格的なレトリックがどういうものかを紹介したつもりです。読者の皆さんがレトリックに関心をもたれるのは、人を説得するための方法としてでしょう。しかし同時にその方法を内心で役立たせて、相手から安易に説得されないようにしてくださることをお願いします。

最後に、私ごとになりますが、勤務先の大学で、学際研究を標榜する大学院情報科学研究科に配属されるようになって、早くも四年目を迎えようとしています。いまやっと、この研究科の人文学系研究者の一人として、少しはふさわしい仕事ができたのではないかと、内心ほっとしています。この仕事を一応終えることができたのは、阿部氏のおかげです。氏の励ましと適切な助言、十数年間にわたって貫かれたしんぼう強い待ちの姿勢がなかったら、本書は日の目を見ることがなかったでしょう。厚く御礼申し述べます。

一九九六年三月

浅野　楢英

『論証のレトリック』文庫版解説

納富信留

日本の文化は論争を好まず、口達者より口下手に好感をもつ伝統だとされてきた。少なくとも本書が書かれた一九九〇年代より以前には、そのような雰囲気が残っていたように思う。「あー、うー」と口ごもる政治家が、根回しと人心掌握で評価されていた時代がかつてあった。大学でも、あまり分かりやすいとは言えない教授の講義を聞き取ってはノートにとるという、一方向の授業がほとんどであった。それらが一概に否定されるべきとは思わないが、言論での対決を得意とし、すべてを討論や演説で決着させる古代ギリシア以来の西洋文化とは好対照をなす状況であった。だが、すくなくとも弁舌の爽やかさや議論の明敏さ、それに対する積極的評価という点で、昨今で状況は大きく変化している。

教育現場でディベートやプレゼンテーションのやり方が教えられるようになり、私の教える大学の授業でも、学生たちの発言や発表の能力は確かに上がっている。また、日々進歩するコミュニケーションツールによる情報発信は、沈黙して考えるという余裕を一切許さず、人々はたえず言葉をやりとりしていないと不安なように見える。メディアで展開される時事討論や即席コメントも、時折行き過ぎに聞こえることもあるが、近年ではより洗練されている。何より、日本でも平成二十一年から裁判員制度が始まり、一般市民も司法の場に参加するようになった。古代ギリシアで弁論術が用いられた主な場面は法廷であり、そこで磨かれたテクニックがさまざまなトポスにまとめられてきた。日本の法廷ではギリシア人ばりのレトリックが駆使されることはないようだが、それでもプロ同士のきまった手続きによる審理とは異なる言論空間が生まれてきている。この二十年ほどの変化はかなり大きい。

また、かつての日本では、専門家を養成することで、細分化し先鋭化した知で産業や社会を統御しようとしていたが、それではうまく対処できないさまざまな状況、たとえば環境問題や少子高齢化など、新たな課題が生じる時代をむかえて、ジェネラリストの必要性がより強く意識されている。専門家の知識をこえた事柄に関わる言論の技術を、浅野氏は「常識」や「人間としての教養」として強調するが、それを培う学びがレトリックであった。現代の私たちにその意義はより大きくなっている。

このように、日本でも言論を展開する重要性への認識は高まり、実際にその技法も広まっているが、浅野氏が強調するのは、修辞の技法、つまり上手く話すレトリックではなく、論証を作る論理的な弁論術である。古代でレートリケーと呼ばれて実践され、研究されたこの技術を理論化したのがアリストテレスであり、本書の主要部は彼の講義録『弁論術』の解説に当てられている。『弁論術』はこれまで、日本ではそれほど重視されてこなかったが、西洋文明では歴史において長らく重要な教育的、文化的意義を担ってきた著作であり、浅野氏の明快な解説はそれ自体で大きな意味がある。本書の中核をなす固有トポスと共通トポスの紹介は、私たちが問題に直面した際に活用すべき思考を促し、実践的な議論へと誘う。

古代ギリシアの弁論術（レートリケー）といえば、口先で聴衆を欺き、人心をコントロールするソフィスト的な術として、プラトンが厳しく批判したことで知られている。そのターゲットはゴルギアスやトラシュマコスといった当時流行の弁論家たちであった。だが、アリストテレスの立場はプラトンとはやや異なり、弁論術の積極的な意義に焦点をあてて、それが成り立つ技術としての柱を論理学との関係で明らかにすることに向けられた。両者の態度の違いは重要である。浅野氏が折に触れて警告するレトリックの「恐ろしい結果」は、プラトンが強調する否定的側面にあたるが、それを避けるためにレトリックを拒絶したり否定したりするのでは現実社会での解決につながらない。むしろ正しいレトリックを論理との関係で分析し、それを知識として共有して、いわば防護服か解毒剤のように身につけることで、実際の言論に正しく対処することができるのである。アリストテレスの『弁論術』は、これを読めば議論がうまくなるとか、人前で気の利いたことを流暢に話せるというマニュアルではない。むしろ、それを理論化することで人間の言論と思考の根元を学ぶという種類の哲学書なのである。

プラトンとアリストテレスの間には、かれらのライバルで、アテナイで弁論術の学校を開いて好評を博していたイソクラテスの言論活動がある。本書はまた、そういった伝統の背景やその後の経緯なども紹介し、レトリックの基本と歴史を知る絶好の入門書となっている。日本の伝統文化にはやや疎遠にもみえる古代ギリシアの言論文化は、なによりもレトリックの歴史的研究によって私たちに生き生きと伝えられる。

本書が公刊された一九九六年にはまだ手に入らなかった翻訳や、新たに訳し直された書籍が、その後続々と出ている。近年の出版状況を簡単に紹介して、本書を読む参考に供したい。まず、アリストテレス『弁論術』では岩波文庫の戸塚七郎訳に加えて、二〇一七年には岩波書店「新版アリストテレス全集」(内山勝利、神崎繁、中畑正志編）の第十八巻に堀尾耕一の訳と解説が出版された。新訳では、本書で「説得推論」と訳されているキーワード「エンテュメーマ」に「想到法」、「説得立証（ピスティス）」には「証し立て」という訳語があてられている。また、二〇一四年に出た同全集の第三巻には、山口義久担当『トポス論』と私の担当『ソフィスト的論駁について』の新訳と解説が収められている。『トピカ（トポス論）』については他に、二〇〇七年に池田康男訳が、京都大学学術出版会の西洋古典叢書から刊行されている。

プラトンやアリストテレスのライバルで弁論術の理論を発展させたイソクラテスの現存作品は、西洋古典叢書から一九九八年と二〇〇二年に出た小池澄夫訳『イソクラテス弁論集1、2』ですべて読めるようになっている。その解説として最適な廣川洋一の名著『イソクラテスの修辞学校』（初版、岩波書店、一九八四年）は、二〇〇五年に講談社学術文庫で再版された。イソクラテスの研究は廣川氏の本以後あまり進んではいないが、ゴルギアスやアルキダマスといったソフィストの言論活動との関係では、拙著『ソフィストとは誰か？』（初版、人文書院、二〇〇六年、改訂版、ちくま学芸文庫、二〇一五年）が論じている。

ローマ期の弁論家キケロの著作については翻訳が格段に進んでいる。岩波書店「キケロー選集」（岡道男、片山英男、久保正彰、中務哲郎編、一九九九〜二〇〇二年）全十六巻には、政治弁論や哲学著作や書簡集とならんで、修辞学関係の著作『発想論』『弁論術の分析』（片山英男訳、第六巻）、『弁論家について』（大西英文訳、第七巻）が収められている。『弁論家について』は岩波文庫（全二巻、二〇〇五年）でも入手できるが、西洋弁論術の伝統においてもっとも重要な著作であり、弁論術に関心のある方に勧めたい。また、本書刊行時には部分訳しかなかったクインティリアヌス『弁論家の教育』も、森谷宇一らの翻訳（全五巻）で二〇〇五年から翻訳が進められている。ロンギノスとディオニュシオスの『古代文芸論集』（戸高和弘、木曽明子訳、二〇一八年）や、プラトンやアリストテレスと同時代に活躍したリュシアスやアイスキネスやデモステネスといった高名な弁論家の現存作品も、西洋古典叢書で読めるようになっている。

このように、浅野氏の本が出て以降に古代の弁論術関係の翻訳が充実し、基本書の日本語訳はかなり揃ってきたと言ってよい。他方で、それらを対象にした一般向けの解説書、および、さらに発展した専門研究書はまだあまり出てきていない。本書の再版をきっかけに、日本語でアクセス可能になった古代レトリックの著作に直接学びながら、現代におけるレトリックの意義を論じる言論が今後さらに発展することを期待したい。

本書の著者である浅野楢英氏とは、学会の折にお目にかかる程度の関係で、弁論術の御研究などをきちんと議論する機会もないまま、二〇一六年に逝去の報に接した。本書の後でソフィスト関係の本をいくつか発表した私には、とりわけ残念に思っている。そのようなお付き合いではあったが、私には、思慮深い論理学者らしくシャイな方で、あまり自分からお話しになるタイプではないように見えた。研究成果を織り込みながら一般の人々に分かりやすく書かれた浅野氏の御本が、このような形で再び広く読まれるようになるのは、喜ばしい限りである。

以上の推論規則によって，現代の命題論理学と述語論理学において成り立つ妥当なすべての推論式や定理（論理的真理）を証明できる．

⑾ 普遍量記号導入．他のものと無差異であるかぎりの任意のものに，何らかのことがあてはまる．ゆえに，すべてのものにその同じことがあてはまる．

⑿ 存在量記号〔「ある」（少なくとも１つの）〕導入．特定のもの，または他のものと無差異であるかぎりの任意のものに，何らかのことがあてはまる．ゆえに，あるものにその同じことがあてはまる（その同じことがあてはまるものが少なくとも１つ存在する）．

⒀ 存在量記号除去．あるものに何らかのことがあてはまる．しかるに，他のものと無差異であるかぎりの任意のものに，その同じことがあてはまる，と仮定すれば，これこれのこと（求める結論）が証明される．ゆえに，これこれ（求める結論）．

〔量表現を伴う命題の真偽は，論議領域が設定されることによって確定する．論議領域とは，推論が適用される「もの」（対象となる個体）の範囲（集合）のことである．たとえば，「すべてのものは２の倍数である」は論議領域を偶数の集合とすれば真であるが，整数の集合とすれば偽である．「あるものは数学者である」は論議領域を人間の集合とすれば真であるが，星の集合とすれば偽である．また「他のものと無差異であるかぎりの任意のもの」といったのは，論議領域をたとえば人間の集合とした場合，特定の個人，男性，女性，成人，未成年，健康な人，病人など，何らかの点で他人から差異をもつかぎりの人間ではなく，人間であるという点で他人と無差異であるかぎりの任意の人間のことである．以上の４規則については，記号を用いず，その要旨を述べるにとどめた．〕

⒁ 等号（「・・は・・と同一である」ということをあらわす記号“＝”）導入．任意のもの t はそれ自身 t と同一である．すなわち，

$t=t$.

⒂ 等号除去．何らかのもの t は何らかのもの s と同一である．すなわち，$t=s$.

しかるに，t には何らかのことがあてはまる．ゆえに，s には同じことがあてはまる．

(2) 条件導入．αを仮定すればβが証明される．ゆえに，αならばβ.

〔前件「α」が真，後件「β」が偽のときだけ条件命題「αならばβ」は偽，「α」「β」の真偽がそれ以外のとき「αならばβ」は真，と解釈（定義）される．〕

(3) 連言導入．α．しかるに，β．ゆえに，αかつβ.

(4) 連言除去．（i）αかつβ．ゆえに，α．（ii）αかつβ．ゆえに，β.

〔連言項「α」「β」がともに真のときだけ連言命題「αかつβ」は真，「α」「β」の真偽がそれ以外のとき「αかつβ」は偽，と解釈される．〕

(5) 選言導入．（i）α．ゆえに，αまたはβ．（ii）β．ゆえに，αまたはβ.

(6) 選言除去．αを仮定すればγが証明される．βを仮定すればγが証明される．しかるに，αまたはβ．ゆえに，γ.

〔選言項「α」「β」がともに偽のときだけ選言命題「αまたはβ」は偽，「α」「β」の真偽がそれ以外のとき「αまたはβ」は真，と解釈される．「または」という語をあてた選言，つまり現代論理学における選言は非排他的選言である．〕

(7) 背理法．αを仮定すれば矛盾βかつβでない（βとβの否定との連言）が証明される．ゆえに，αでない．

(8) 否定式．αならばβ．しかるに，βでない．ゆえに，αでない．

(9) 二重否定．（i）α．ゆえに，αでないのではない．（ii）αでないのではない．ゆえに，α.

〔「α」が真のとき否定命題「αでない」（αということはない）は偽，「α」が偽のとき「αでない」は真と解釈される．〕

2. 述語論理学における推論規則

以上の推論規則にさらにつぎの規則が付け加わる．

(10) 普遍量記号〔「すべての」〕除去．すべてのものに何らかのことがあてはまる（述語となる）．ゆえに，特定のものにも，他のものと無差異であるかぎりの任意のものにも，その同じことがあてはまる．

の推論（三段推論）の体系内で成立する他のすべての妥当な形式の推論を証明できる．

Ⅱ．ストア派の命題論理学において論証なしに妥当とみとめられる５つの推論形式

ストア派の命題論理学のほとんどは，第三代学頭クリュシッポス（前３世紀）によって構築されたとみられる．クリュシッポスは証明なしに妥当とみなされる推論形式としてつぎの５つを挙げている．これら５つの推論形式に基づいて他の推論が証明されるとした（ディオゲネス・ラエルティオス『ギリシア哲学者列伝』７巻79-81節）．

αとβはそれぞれ任意の命題（真か偽かのどちらかであるような言語表現で，単純命題でも，複合命題でもよい）をあらわすものとする．

(1)　αならばβ．しかるに，α．ゆえに，β．（＝肯定式）

(2)　αならばβ．しかるに，βでない．ゆえに，αでない．（＝否定式）

(3)　（αかつβ）ということはない．しかるに，α．ゆえに，βでない．

(4)　αあるいはβ．しかるに，α．ゆえに，βでない．

(5)　αあるいはβ．しかるに，αでない．ゆえに，β．

〔「あるいは」と訳した選言は，ストア派の場合，排他的選言である．すなわち，選言項「α」「β」のどちらか一方が真のときだけ，選言命題「αあるいはβ」が真であることを意味する．したがって，(5)だけでなく，(4)も成立する．〕

Ⅲ．現代論理学で論証なしに妥当とみとめられる推論規則（推論形式）

1．命題論理学における推論規則

α，β，γはそれぞれ任意の論理式（命題）をあらわすものとする．

(1)　条件（含意）除去（＝肯定式）．αならばβ．しかるに，α．ゆえに，β．

2　妥当な推論形式の基本的なもの（「ゆえに」の前にあらわれる命題が前提，後にあらわれる命題が結論）

Ⅰ．アリストテレスの推論の理論において論証なしに妥当とみとめられる７つの推論形式

Ａ，Ｂ，Ｃは何らかの普遍的（種的・類的）なものをあらわす項（名辞）である（「述語となる」＝「属する」）．

(1)　ＡはどのＢにも述語とならない（どのＢもＡでない）．ゆえに，ＢはどのＡにも述語とならない（どのＡもＢでない）．

(2)　ＡはすべてのＢに述語となる（すべてのＢはＡである）．ゆえに，〔あるＡが存在することを暗黙の仮定として〕ＢはあるＡに述語となる（あるＡはＢである）．

(3)　ＡはあるＢに述語となる（あるＢはＡである）．ゆえに，ＢはあるＡに述語となる（あるＡはＢである）．

以上３つは，主語と述語の換位（入れ換え）に関する推論規則．

(4)　ＡはすべてのＢに述語となる（すべてのＢはＡである）．ＢはすべてのＣに述語となる（すべてのＣはＢである）．ゆえに，ＡはすべてのＣに述語となる（すべてのＣはＡである）．

(5)　ＡはどのＢにも述語とならない（どのＢもＡでない）．ＢはすべてのＣに述語となる（すべてのＣはＢである）．ゆえに，ＡはどのＣにも述語とならない（どのＣもＡでない）．

(6)　ＡはすべてのＢに述語となる（すべてのＢはＡである）．ＢはあるＣに述語となる（あるＣはＢである）．ゆえに，ＡはあるＣに述語となる（あるＣはＡである）．

(7)　ＡはどのＢにも述語とならない（どのＢもＡでない）．ＢはあるＣに述語となる（あるＣはＢである）．ゆえに，ＡはあるＣには述語とならない（あるＣはＡでない）．

以上４つは，三段推論に関する推論規則．

これら７つを推論規則として適用することによって，アリストテレス

その感情を引き起こす原因	その感情が向けられる相手
そのことで人々に名声や名誉への愛をかきたて名声を欲し求めさせるような功績や財産，さらに好運の賜物.	時や場所や年齢や世評などで自分に近い者．たとえば，自分と名誉を競い合っている相手．また，自分が持つにふさわしいもの，あるいは，かつて自分が所有していたものを，現に持っていたり，獲得したりする人．たとえば，同じものを得るために自分よりも少なくしか費やさなかった人．老人にとっては若者たち.
尊重される善いもの．もろもろの徳，他の人々にとって有益なものや恩恵のあるもの，隣人たちにも享受できる善いもの.	競争の的となる善いものやそれに類するもの（たとえば，勇気，知恵，支配力など）を所有している者．多くの人々が同じようでありたいと望んでいる相手．多くの人々が知己になりたい，または友人でありたいと望んでいる相手．多くの人々や自分たちが賞賛している相手など.

それぞれの感情の定義	人がその感情を持つときの精神状態
妬み　妬みとは，善いものごとをめぐって自分と同じような者が好運に恵まれているのを目にすることによって感じられる一種の苦痛であり，それも，自分にも何か善いことがあってほしいという気持ちからではなく，相手がそのように恵まれていることのゆえに感じられる苦痛である．	家系，血縁，年齢，性質，世評，財産などの点で自分と同様な人々がいるか，またはいると思っているという状態．すべてを所有しているというには少し不足があるような状態．何ごとかで（特に知恵や幸福の点で）きわだって名声を得ているという状態．名誉心の強い状態．知恵者ぶっている状態．一般に，何かに関して名声を得たいと望む状態．
競争心　競争心とは，人々に尊重され，また自分も手に入れることのできるような善いものごとが，生まれつきは自分と同じような者の手許にあるのを目にすることによって感じる一種の苦痛であり，それも他人が持っているからというのではなく，自分もまた持っていないからというので感じる苦痛である．競争心の反対は軽視である．	現在は持っていないが，手に入れることが自分にも可能な善いものについて，自分もそれを持つにふさわしいと思っている状態．世の尊敬を集めていて，自分自身はすぐれた人物でなければならないと考えているため，そのような人物にふさわしいたぐいの善いものは自分も持つべきであると思っている状態．他の人々がそれら善いものにふさわしいとみなすような人物であるという状態．自分の祖先，同族，身内，民族，国家が誉れとするものがあるため，それらのものは自分にふさわしいと考えている状態．

その感情を引き起こす原因	その感情が向けられる相手
悪事のうち，自分にとって，または自分が心に掛けている者たちにとって醜いと思われること，つまり，悪徳（悪徳というのは，たとえば，臆病，不正，放埒，貪欲やけち，おべっか，柔弱，心の狭さや卑しさ，虚勢を張ること，など）から生じる所業．またすべての人々，自分と同様の人々のすべて，またはその大多数が与かっている立派なことに，自分が与かっていないということ．不名誉や非難につながることを身に受けること，など．	自分が高く評価している人々．いつも傍らにいることになる人々や自分に注目している人々．自分と同じ非難にさらされていない人々．過ちを犯したと見える人々を容赦しないような人々．大勢の人に言いふらすような人々．その人の前ではこれまで失敗したことがないような相手など．
苦悩と苦痛をもたらすもののうち破滅につながるようなもの，つまり破滅をもたらすようなもの（死，身体の損傷，老齢，病気，食糧難など）．偶然が原因をなす不幸で重大なもの（友人がいないこと，容姿の醜さ，身体の弱さや障害など）．	不幸な目にあっている自分のよく知っている人々，ただし近親者ではない者たち（近親者が相手の場合，自分自身がその不幸に見舞われようとしているのと同じ気持ちになって，憐れみではなく恐れを感じる）．年齢，性格，習性，社会的地位，家柄などで自分と似ている人々のうち不幸な相手．災難にあっている身近な人々．
それにふさわしくない人が好運に恵まれている（たとえば，富や権力などをそれに値しない人が持っている）のを目にすること．	それにふさわしくないのに好運に恵まれていると見える人．恵まれた善いものがつり合っていない人．

それぞれの感情の定義	人がその感情を持つときの精神状態
羞恥　羞恥とは，現在，過去，将来における自分の悪事のうち，悪名につながるように見えるものについて感じられる一種の苦痛または心の乱れである．無恥とは，そのような同じ悪事についての一種の軽視または無感覚である．	自分が賛美している人，自分を賛美してくれている人，その人によって賛美されることを望んでいる相手，自分が評判を落とせば受けられなくなる世話を求めている相手など，こういった人々が，自分の行動を直接見ているか，すぐ近くにいるか，あるいはやがて自分の行動に気づくことになるか，するというような状態．自分自身のであれ，祖先のであれ，血縁関係のある人のであれ，その立派な行為や業績をいまの自分が汚しているという状態．その人たちのせいで自分まで恥ずかしく思うような，そういう人たちが恥ずべきことをしたという状態．自分の所業が将来人の目にとまり，自分の醜いところをよく知っている人々と公に交際しなければならなくなるという状態，など．
憐れみ　憐れみとは，それにふさわしくない人が破滅的な，または苦痛に満ちた不幸に見舞われているのを目にすることによって感じられる一種の苦痛であって，しかもその不幸が自分自身なり身内の誰かなりもそれに見舞われるかもしれないと予想されるようなものであって，それも近いうちに見舞われそうに見える場合のことである．	自分または身内の誰かが破滅的で苦痛に満ちた不幸に見舞われるかもしれないと思っている状態．そのように思って憐れみを感じる人というのは，これまで不幸な目にあって，それを切り抜けてきた人，思慮深く経験のある年長者，弱い人，人並み以上に臆病な人，よく推し量ることのできる教養人，両親や子供や妻といった，災難に見舞われやすい身内のある人などである．
義憤　義憤とは，それにふさわしくない人が好運に恵まれているのを目にすることによって苦痛を感じることである．	自分は最高の善いものを持つにふさわしく，現にそれを所有しているという状態．自分がすぐれて立派であるという状態．自分が大望を抱き，何かひとかどのことを欲し求めているという状態．一般に，他の人々はそれにふさわしくないが，自分はふさわしいと思っているという状態．

その感情を引き起こす原因	その感情が向けられる相手
怒り，いやがらせ，中傷．	敵対者，許しがたい悪事を働く者など．
破滅をもたらしたり，ひどい苦痛につながる損害をもたらしたりするような大きな力を持っていると思われるもの．	左のような力を持っている人．たとえば，自分を密告したり見捨てたりするかもしれない共犯者．自分に対して害を加えたり不正を働いたりする力のある者．不正な目にあわされて報復の機会を狙っている者．同時に両者のものとなりえないような同じものを競い合っている相手など．
危険な恐ろしいものが遠くにあり，身に安全をもたらすものが近くにあること．やり直しがきく場合や救助の手がある場合．不正を受けたことも働いたこともない場合．競争相手がいないか，いたとしても自分をおびやかす心配はないというような場合．	恐ろしくない相手．

それぞれの感情の定義	人がその感情を持つときの精神状態
憎しみ 敵意や憎しみは，友愛の場合と反対のことをもとに考察できる．	愛するのとは反対の状態〔ともに天をいただかずと思っているような状態であろう〕．
恐れ 恐れとは，破滅または苦痛をもたらす害悪が差し迫っているのを表象する（思い描く）ことから生じる一種の苦痛または心の乱れである．	何らかの被害をこうむるだろうと思う状態，つまり，これこれの人によって，これこれの被害を，これこれのときに，こうむるだろうと思う状態．
大胆 大胆とは恐れの反対であるから，大胆とは，身に安全をもたらすものがすぐ近くにあり，恐ろしいものはまったくないか，あるいは遠くにあるという表象を伴った期待である．	これまで多くの成功を重ねて，失敗のうき目にあったことがないと思っている状態（恐怖の経験がない場合），またはこれまでしばしば恐ろしい破目に陥ったが，それをうまく切り抜けてきたという状態（対策を心得ている場合）．直面していることが，自分と似たり寄ったりの人々にとっても，自分より劣っている人や自分のほうが優れていると思われる人にとっても，恐ろしくはないという状態．それでもって優位に立てば人に恐れられる者となるようなもの（財産，召使い，友人，土地，軍備など）を，量の上でも質の上でも，他人より多く持っていると思っている状態．これまでに誰にも不正を働いたことがないか，あっても多くの人に対してではないか，または恐れを感じるような人に対してではないという状態．何かに取り掛かるにあたって，現在も将来も苦しい目にあうことはないだろうとか，成功するだろうとか思っている状態など．

その感情を引き起こす原因	その感情が向けられる相手
自分または自分に属する何らかのものに対する不当な，しかも明白な軽蔑（無視，いやがらせ，または侮辱）.	自分を不当に軽蔑した相手.
怒りを鎮静させる明白な復讐．怒りの感情を遠のかせる時間．自分に対する軽蔑（怒りの原因）とは反対のこと，たとえば，相手が非を認め後悔すること，自分に対するへりくだった態度や真面目な振る舞い，など.	畏敬すべき人，自分の至らなさが恥ずかしく思われるほどの相手，恩恵を与えてくれた人，意図に反して軽蔑になるようなことをした者，やった行為にひどく苦しんでいる者など.
何か他の理由によってでなく，その人のためになされた親切，つまり，求められなくとも親切にしてそれを吹聴しないこと.	自分にとってと同じものを善いとし，悪いとする人々，また同じ者を友とし，同じ者を敵とする人々，自分たちに対して，あるいは自分たちが心にかけている者に対して，よくしてくれた人々，または，自分たちによくしたいと望んでいるように思われる人々．その他，気前のよい人，勇気のある人，正しい人，節度のある人など，徳においてすぐれた人．さらに，生活をともにし，一緒に日々を過ごすことが楽しい相手（気立てがよく，他人の過ちを詮索しようとはせず，負けん気でも喧嘩好きでもないような人）．恐ろしくなく安心していられる相手など.

付録

1　感情に関する諸命題の一覧表

それぞれの感情の定義	人がその感情を持つときの精神状態
怒り　怒りとは，その軽蔑（無視，いやがらせ，または侮辱）が不当であるのに，自分自身または自分に属する何らかのものが受けた明白な軽蔑のゆえに，相手に対して明白な復讐をしようとする，苦痛を伴った欲求である．	自分の欲求が満たされず苦痛を覚えている状態．
穏和　怒りと穏和は反対であるから，穏和になるとは，怒りが収まり，静まることである．	怒っているのと反対の状態．一般に，苦痛を感じず，他人を辱しめることなく快楽を享受し，正当な希望をもっている状態．
友愛　友愛とは，善いと思われるものが〔互いに相手の〕人の手に入ることを，自分のためにではなく，その人のために望むことであり，できるかぎりそれら善いものを彼のためにもたらそうとすることである．	善いことを相手とともに悦び，苦しいことにともに悩む，それも，他の理由によってでなく，ただ相手のためにそうすることができる状態．

本書は、一九九六年四月、講談社より「講談社現代新書」の一冊として刊行された。文庫化に際しては、一部図表を「付録」として巻末に移した。

どうして英語が使えない？　酒井邦秀

『でる単』と『700選』で大学には合格した。でも、少しも英語ができるようにならなかった「あなた」へ。学校英語の害毒を洗い流すための処方箋。

快読100万語！ ペーパーバックへの道　酒井邦秀

辞書はひかない！ わからない語はとばす！ すぐ読めるやさしい本をたくさん読めば、ホンモノの英語が自然に身につく。奇跡をよぶ実践講座。

さよなら英文法！ 多読が育てる英語力　酒井邦秀

「努力」も「根性」もいりません。愉しく読むうちに豊かな実りがあなたにも。人工的な「日本英語」を棄て真の英語力を身につけるためのすべてがここに！

古文読解のための文法　佐伯梅友

複雑な古文の世界へ分け入るには、文の組み立てや語句相互の関係を理解することが肝要だ。「佐伯文法」の到達点を示す、古典文法の名著。（小田勝）

翻訳仏文法（上）　鷲見洋一

多義的で抽象性の高いフランス語を、的確で良質な日本語に翻訳するコツを伝授します！ 多彩な訳例と実用的な技術満載の名著、待望の文庫化。

翻訳仏文法（下）　鷲見洋一

原文の深層からメッセージを探り当て、それに言葉を与えて原文の「姿」を再構成するのが翻訳だ——初学者も専門家も読んで納得の実践的翻訳術。

チョムスキー言語学講義　チョムスキー／バーウィック　渡会圭子訳

言語は、ヒトのみに進化した生物学的な能力である。その能力とはいかなるものか。なぜ言語が核心なのか。言語と思考の本質に迫る格好の入門書。

言語学を学ぶ　千野栄一

『外国語上達法』の著者による最良の入門書。「音声学」「比較言語学」「方言学」など、言語学の全体がコンパクトにまとまった一冊。（阿部賢一）

文章心得帖　鶴見俊輔

「余計なことはいわない」「紋切型を突き崩す」等、実践的に展開される本質的文章論。70年代に開かれた一般人向け文章教室の再現。（加藤典洋）

ことわざの論理　外山滋比古

「隣の花は赤い」「急がばまわれ」……お馴染のことわざの語句や表現を味わい、あるいは英語の言い回しと比較し、日本語の心性を浮き彫りにする。

知的創造のヒント　外山滋比古

あきらめていたユニークな発想が、あなたにもできます。著者の実践する知的習慣、個性的なアイデアを生み出す思考トレーニングを紹介！

英文対訳 **日本国憲法**

英語といっしょに読めばよくわかる！「日本国憲法」のほか、「大日本帝国憲法」「教育基本法」全文を対訳形式で収録。自分で理解するための一冊。

知的トレーニングの技術〔完全独習版〕　花村太郎

お仕着せの方法論をマネするだけでは、真の知的創造にはつながらない。偉大な先達が実践した手法から実用的な表現術まで盛り込んだ伝説のテキスト。

思考のための文章読本　花村太郎

本物の思考法は偉大なる先哲に学べ！　先人たちの思考を10の形態に分類し、それらが生成・展開していく過程を鮮やかに切り出す、画期的な試み。

「不思議の国のアリス」を英語で読む　別宮貞徳

このけたはずれにおもしろい、奇抜な名作を、いっしょに英語で読んでみませんか――『アリス』の世界を原文で味わうための、またとない道案内。

さらば学校英語 **実践翻訳の技術**　別宮貞徳

英文の意味を的確に理解し、センスのいい日本語に翻訳するコツは？　日本人が陥る誤訳の罠は？　達人ベック先生が技の真髄を伝授する実践講座。

漢文入門　前野直彬

漢文読解のポイントは「訓読」にあり！　その方法はいかにして確立されたか、歴史も踏まえつつ漢文を読むための基礎知識を伝授。（齋藤希史）

精講漢文　前野直彬

往年の名参考書が文庫に！　文法の基礎だけでなく、中国の歴史・思想や日本の漢文学をも解説。漢字文化の多様な知識が身につく名著。（堀川貴司）

増補 ソクラテス　岩田靖夫

英米哲学史講義　一ノ瀬正樹

規則と意味のパラドックス　飯田隆

スピノザ『神学政治論』を読む　上野修

倫理学入門　宇都宮芳明

知の構築とその呪縛　大森荘蔵

物と心　大森荘蔵

思考と論理　大森荘蔵

他者といる技法　奥村隆

ソクラテス哲学の核心には「無知の自覚」と倫理的信念に基づく「反駁的対話」がある。その意味と構造を読み解き、西洋哲学の起源に迫る最良の入門書。

ロックやヒュームらの経験論は、いかにして功利主義、プラグマティズム、そして現代の正義論や分析哲学へと連なるのか。その歴史的展開を一望する。

言葉が意味をもつとはどういうことか？　言語哲学の難題に第一人者が挑み、切れ味抜群の議論で哲学的に思考することの楽しみへと誘う。

聖書の信仰と理性の自由は果たして両立できるか。スピノザはこの難問を、大いなる逆説をもって考え抜いた。『神学政治論』の謎をあざやかに読み解く。

倫理学こそ哲学の中核をなす学問だ。カント研究の大家が、古代ギリシアから始まるその歩みを三つの潮流に大別し、簡明に解説する。（三重野清顕）

西欧近代の科学革命を精査することによって、二元論による世界の死物化という近代科学の陥穽を克服する方途を探る。（野家啓一）

対象と表象、物と心との二元論を拒否し、全体としての立ち現われが直にあるとの「立ち現われ一元論」を提起した、大森哲学の神髄たる名著。（青山拓央）

人間にとって「考える」とはどういうことか？　日本を代表する哲学者が論理学の基礎と、自分の頭で考える力を完全伝授する珠玉の入門書。（野家啓一）

マナーや陰口等、他者といる際に用いる様々な技法。そのすばらしさと苦しみの両面を描く。「生きる道具」としての社会学への誘い。（三木那由他）

歴史・科学・現代　加藤周一

知の巨人が、丸山真男、湯川秀樹、サルトルをはじめとする各界の第一人者とともに、戦後日本の思想と文化を縦横に語り合う。（鷲巣力）

『日本文学史序説』補講　加藤周一

文学とは何か、〈日本的〉とはどういうことか、不朽の名著について、著者自らが縦横に語った講義録。大江健三郎氏らによる「もう一つの補講」を増補。

沈黙の宗教――儒教　加地伸行

日本人の死生観の深層には生命の連続を重視する儒教がある。墓や位牌、祖先祭祀などの機能と構造や歴史を読み解き、儒教の現代性を解き明かす。

中国人の論理学　加地伸行

毛沢東の著作や中国文化の中から論理学上の中国的特性を抽出し、中国人が二千数百年にわたって追求してきた哲学的主題を照らし出すユニークな論考。

基礎講座　哲学　木田元／須田朗　編著

日常の「自明と思われていること」にはどれだけ多くの謎が潜んでいるのか。哲学の世界に易しく誘い、その歴史と基本問題を大づかみにした名参考書。

あいだ　木村敏

自己と環境との出会いの原理である共通感覚「あいだ」。その構造をゲシュタルトクライス理論および西田哲学を参照しつつ論じる好著。（谷徹）

自分ということ　木村敏

自己と時間の病理をたどり、存在者自己と自己の存在それ自体の間に広がる「あいだ」を論じる木村哲学の入門書。（小林敏明）

自己・あいだ・時間　木村敏

間主観性の病態である分裂病に「時間」の要素を導入し、現象学的思索を展開する。精神病理学者である著者の代表的論考を収録。（野家啓一）

分裂病と他者　木村敏

分裂病者の「他者」問題を徹底して掘り下げた木村精神病理学の画期的論考。「あいだ＝いま」を見つめ開かれる「臨床哲学」の地平。（坂部恵）

ちくま学芸文庫

論証《ろんしょう》のレトリック　古代《こだい》ギリシアの言論《げんろん》の技術《ぎじゅつ》

二〇一八年四月　十　日　第一刷発行
二〇二五年二月二十五日　第二刷発行

著　者　浅野楢英（あさの・ならひで）
発行者　増田健史
発行所　株式会社　筑摩書房
東京都台東区蔵前二―五―三　〒一一一―八七五五
電話番号　〇三―五六八七―二六〇一（代表）
装幀者　安野光雅
印刷所　星野精版印刷株式会社
製本所　株式会社積信堂

ISBN978-4-480-09860-3 C0110